RECUPERAÇÃO DE ATIVOS NO BRASIL E NO EXTERIOR

Métodos consensuais, criptoativos, *smart contract* e outros temas contemporâneos

Coordenadores
Eduardo Braga Bacal
Guilherme Kronemberg Hartmann
Roberto de Aragão Ribeiro Rodrigues

RECUPERAÇÃO DE ATIVOS NO BRASIL E NO EXTERIOR

Métodos consensuais, criptoativos, *smart contract* e outros temas contemporâneos

Autores
Beatriz Assef • Bernardo Braga e Silva
Eduardo Braga Bacal • Fernando Mendes Naegele e Silva
Flávia Martins Affonso • Guilherme Kronemberg Hartmann
Gustavo Flausino Coelho • Hugo Fillardi
Monica Gusmão • Roberto de Aragão Ribeiro Rodrigues
Thiago Aleluia Ferreira de Oliveira

GZ
EDITORA
Rio de Janeiro
2022

1ª edição – 2022

Diagramação: *Olga Martins*

CIP – Brasil. Catalogação-na-fonte.
Sindicato Nacional dos Editores de Livros, RJ.

R248

Recuperação de ativos no Brasil e no exterior: métodos consensuais, criptoativos, smart contract e outros temas contemporâneos / coordenadores Eduardo Braga Bacal, Guilherme Kronemberg Hartmann, Roberto de Aragão Ribeiro Rodrigues. - 1. ed. - Rio de Janeiro: GZ, 2022.
180 p.; 24 cm.

Inclui bibliografia e índice
ISBN 978-65-5813-042-0

1. Assistência judiciária internacional. 2. Cooperação internacional. 3. Transferência eletrônica de fundos. 4. Blockchains (Base de dados). I. Bacal, Eduardo Braga. II. Hartmann, Guilherme Kronemberg. III. Rodrigues, Roberto de Aragão Ribeiro.

22-75813
CDU: 341.233.1

Meri Gleice Rodrigues de Souza - Bibliotecária - CRB-7/6439

contato@editoragz.com.br
www.editoragz.com.br
Estrada do Capuava, nº 1325 - Box Q - CEP 06715-410
Bairro Barro Branco - Município de Cotia - SP
Tels.: (0XX21) 99585-0737 / 99755-0737

Impresso no Brasil
Printed in Brazil

APRESENTAÇÃO

A Comissão da OAB/RJ sobre Recuperação de Ativos em Fraudes Internacionais (CRFI) foi criada no segundo semestre de 2019, composta por advogados públicos e privados, além de professores universitários com especialização em diferentes áreas do direito. A Comissão tem por escopo aprofundar discussões e propor medidas concretas com o intuito de aprimorar o sistema de recuperação de ativos em nome do devedor em casos de fraude e corrupção, tanto em âmbito nacional como internacional. Para marcar a inauguração dos trabalhos da Comissão, foi realizado Seminário Presencial no Plenário Evandro Lins e Silva da OAB-RJ, em 09/10/2019, sobre "A eficácia dos mecanismos de recuperação de ativos e cooperação internacional".

Por meio da colaboração de todos os integrantes da Comissão, foram implementadas medidas concretas a exemplo da redação do ofício, de março/2020, destinado ao Tribunal de Justiça do Estado do Rio de Janeiro solicitando esclarecimentos sobre a regularização do sistema de cadastro das empresas públicas e privadas no Sistema de Cadastro de Pessoas Jurídicas Públicas e Privadas (SISTCADPJ), para fins do art. 246, § 1.º, do Código de Processo Civil e Ato Normativo Conjunto nº 102/16 do TJ-RJ.

Para se adaptarem aos tempos de pandemia provocada pela COVID-19, a partir de março/2020 os membros promoveram diversos eventos virtuais (em forma de *live* e *webinar*) sobre temas afetos à Comissão, entre os quais se destacam os seguintes: "Recuperação de crédito em tempos de pandemia, "Técnicas Alternativas e Recuperação de Crédito" "Questões sobre a obrigatoriedade de cadastro das Pessoas Jurídicas nos tribunais" "Recuperação de Empresas na Pandemia", "A efetividade da execução para a recuperação de ativos em nome do devedor", "Recuperação de Ativos e cooperação jurídica internacional" e "Alterações à Lei nº 11.101/2005 sob a perspectiva da recuperação de ativos em nome da empresa devedora".

Este Livro, sob a coordenação de Eduardo Bacal, Guilherme Hartmann e Roberto Rodrigues, reúne artigos escritos por integrantes da Comissão e outros coautores por eles convidados acerca de temas contemporâneos relacionados à recuperação de ativos em suas mais variadas dimensões, como o uso dos métodos consensuais, criptoativos, smart contract, improbidade administrativa, recuperação judicial, desjudicialização da execução e cooperação jurídica internacional em matéria penal.

Diante da qualidade e atualidade dos artigos, esta obra multidisciplinar certamente irá contribuir não apenas para o desenvolvimento teórico dos temas ali abordados, mas também para o aprimoramento prático da eficácia do sistema de recuperação de ativos em nosso país.

Luciano Bandeira

Presidente da OAB/RJ

Marcello Oliveira

Tesoureiro e Presidente da Comissão de Prerrogativas da OAB/RJ

SOBRE OS COORDENADORES

EDUARDO BRAGA BACAL

Presidente da Comissão da OAB/RJ sobre Recuperação de Ativos em Fraudes Internacionais

Doutorando em Direito Processual pela UERJ e Mestre em Direito pela Universidade de Coimbra, Portugal

Professor de Direito Processual Civil do IBMEC-RJ e da Pós-Graduação em Direito Processual Civil da PUC/Rio

Advogado

GUILHERME KRONEMBERG HARTMANN

Vice-Presidente da Comissão da OAB/RJ sobre Recuperação de Ativos em Fraudes Internacionais

Doutor e Mestre em Direito Processual (UERJ);

Professor Adjunto de Direito Processual Civil (UFRJ);

Professor em sede de Pós-graduação (AMPERJ, EMERJ, FEMPERJ, CEPED-UERJ);

Ex-Coordenador do Escritório Modelo Cível da UERJ;

Advogado.

ROBERTO DE ARAGÃO RIBEIRO RODRIGUES

Membro da Comissão da OAB/RJ sobre Recuperação de Ativos em Fraudes Internacionais

Doutor e Mestre em Direito Processual pela UERJ

Professor Titular de Direito Processual Civil do IBMEC-RJ, da Escola da AGU e da Pós-Graduação em Direito Processual Civil do CEPED/UERJ

Membro do IBDP

Advogado da União

SOBRE OS AUTORES

BEATRIZ ASSEF

Mestranda em Direito Processual pela UERJ. Pós-Graduada em Arbitragem e Métodos Consensuais de Resolução de Conflitos. Bacharel em Direito pela PUC-Rio. Mediadora e Advogada.

BERNARDO BRAGA E SILVA

Advogado criminalista. Doutor e mestre em Direito Processual (UERJ). Especialista em Direito Penal Econômico Europeu (Universidade de Coimbra). Professor de Direito Penal e Processual Penal da Escola da Magistratura do Estado do Rio de Janeiro (EMERJ) e do IBMEC/RJ.

EDUARDO BRAGA BACAL

Presidente da Comissão da OAB/RJ sobre Recuperação de Ativos em Fraudes Internacionais. Doutorando em Direito Processual pela UERJ e Mestre em Direito pela Universidade de Coimbra, Portugal. Professor de Direito Processual Civil do IBMEC-RJ e da Pós-Graduação em Direito Processual Civil da PUC/Rio.Advogado.

FERNANDO MENDES NAEGELE E SILVA

Advogado graduado pelo Instituto Brasileiro de Mercado de Capitais (IBMEC). Pós-graduando em Advocacia Empresarial pelo Centro de Estudos e Pesquisas no Ensino do Direito na Universidade do Estado do Rio de Janeiro (CEPED UERJ).

FLÁVIA MARTINS AFFONSO

Doutora em Direitos, Instituições e Negócios, área de concentração Justiça Administrativa, pela Universidade Federal Fluminense – UFF. Advogada da União

GUILHERME KRONEMBERG HARTMANN

Doutor e Mestre em Direito Processual (UERJ); Professor Adjunto de Direito Processual Civil (UFRJ); Professor em sede de Pós-graduação (AMPERJ, EMERJ, FEMPERJ, CEPED-UERJ); Ex-Coordenador do Escritório Modelo Cível da UERJ; Advogado.

GUSTAVO FLAUSINO COELHO

Doutor e Mestre em Direito Empresarial (UERJ) e graduado em Direito (UFRJ). Sócio do Bastilho Coelho Advogados e professor de Direito Empresarial e Direito da Concorrência (IBMEC). Coordenador da pós-graduação - especialização - em Advocacia Empresarial (CEPED UERJ). Vice-Presidente da Comissão de Direito da Concorrência da Ordem dos Advogados do Brasil. Membro da Comissão sobre Recuperação de Ativos em Fraudes Internacionais (OAB/RJ).

HUGO FILLARDI

Doutor e Mestre em Direito pela PUCSP. Bacharel em direito pela Faculdade Nacional de Direito/UFRJ. Advogado e Professor de Direito Processual Civil na Faculdade Nacional de Direito/UFRJ.

MONICA GUSMÃO

Professora de Graduação e Pós-Graduação,Advogada Consultora, Membro do Ibremp, Membro da Comissão de Rececuperação de Ativos da OAB, autora de vários livros e articulista

ROBERTO DE ARAGÃO RIBEIRO RODRIGUES

Doutor e Mestre em Direito Processual pela UERJ. Professor Titular de Direito Processual Civil do IBMEC-RJ, da Escola da AGU e da Pós-Graduação em Direito Processual Civil do CEPED/UERJ . Membro do IBDP. Advogado da União

THIAGO ALELUIA FERREIRA DE OLIVEIRA

Doutorando em Direito na UERJ. Vice-Diretor e Professor da Escola Superior da Magistratura do Estado do Piauí- ESMEPI. Juiz de Direito do TJPI. Membro do Centro de Inteligência da Justiça Estadual Piauiense

SUMÁRIO

RECUPERAÇÃO DE CRIPTOATIVOS MANTIDOS NO BRASIL E NO EXTERIOR

Gustavo Flausino Coelho[1]

Fernando Mendes Naegele e Silva[2]

Introdução

Em qualquer mercado ou ramo, a evolução está presente. Novas tecnologias surgem para modificar antigos paradigmas e transformar a forma de analisar e solucionar questões. Em meio ao ambiente de inovações constantes, o presente artigo abordará os desafios na recuperação de criptoativos, observando como as suas características singulares podem dificultar a missão do credor em busca da satisfação do crédito.

O trabalho será desenvolvido em três seções: (i) uma imersão sobre o conceito e tipos de criptoativos; (ii) o tratamento atual dos criptoativos no ordenamento jurídico brasileiro; e (iii) os desafios para a recuperação destes ativos no atual cenário. Em seguida, os autores concluirão com apontamentos finais sobre o tema.

1. Criptoativos: conceito e tipos

Em que pese a evolução tecnologia vir ocorrendo em diversos ramos, talvez em nenhum deles se verifique uma mudança tão constante e acelerada como no mercado digital. Um dos grandes exemplos evolutivos dentro deste mercado é o advento dos criptoativos.

1.1. Conceito de criptoativo

De forma sumária, os criptoativos foram criados no final da década de 2000, com o surgimento do Bitcoin, uma criptomoeda.

---

1 Doutor e Mestre em Direito Empresarial (UERJ) e graduado em Direito (UFRJ). Sócio do Bastilho Coelho Advogados e professor de Direito Empresarial e Direito da Concorrência (IBMEC). Coordenador da pós-graduação - especialização - em Advocacia Empresarial (CEPED UERJ). Vice-Presidente da Comissão de Direito da Concorrência da Ordem dos Advogados do Brasil e membro da Comissão sobre Recuperação de Ativos em Fraudes Internacionais (OAB/RJ).

2 Advogado graduado pelo Instituto Brasileiro de Mercado de Capitais (IBMEC). Pós-graduando em Advocacia Empresarial pelo Centro de Estudos e Pesquisas no Ensino do Direito na Universidade do Estado do Rio de Janeiro (CEPED UERJ).

O Bitcoin surge a partir da premissa básica da desconfiança. O seu criador – um grupo ou um indivíduo usando o pseudônimo Satoshi Nakamoto – aduzia que os métodos de transações financeiras comuns sempre precisam de intermediários (i.e., instituições financeiras) e que isso geraria uma dependência e, consequentemente, um risco adicional ao negócio[3].

Neste particular, os criptoativos seriam então ativos, digitais ou virtuais, passíveis de transferência, armazenamento, troca e operação por meio virtual, sem necessidade de qualquer intermediador, sendo protegidos por tecnologia criptográfica.

Quanto ao conceito jurídico-econômico de criptoativos, cabe mencionar que existe divergência mundial sobre o tema. Alguns defendem que eles se encaixariam como ativos financeiros, o que a Comissão de Valores Mobiliários (CVM) corrobora, quando se tratar de valores mobiliários, como se verá adiante.

Outros aduzem que os criptoativos seriam *commodities*, como a Commodity Futures Trading Commission - CFTC, principal agência americana reguladora de futuros e opções. Em 2015, a CFTC enquadrou as moedas virtuais na categoria de commodities, de modo que elas seriam reguladas como bens sob a *Commodity Exchange Act*.

Em 2016, o Japão considerou que as criptomoedas são métodos de pagamento para pessoa não especificada e não denominada em moeda "tradicional", autorizando a compra e venda de criptomoedas, bem como os serviços de corretagem, comissão e administração de *wallets*.

Portanto, ainda há divergência sobre a concepção e o entendimento das moedas virtuais. Contudo, antes de atacar a compreensão do ordenamento jurídico sobre os criptoativos, cabe designar mais alguns comentários sobre elas.

1.2. Criptoativos e blockchain

Embora a ideia dos criptoativos tenha sido brilhante, tal conceito não bastava por si só. Para que o modelo imaginado pudesse existir, foi necessária a criação de uma estrutura que viabilizasse os princípios de transparência, privacidade e independência. Essa é a figura do *blockchain*.

3 NAKAMOTO, Satoshi. *Bitcoin – A peer-to-peer digital currency*. Disponível em: https://bitcoin.org/bitcoin.pdf Acesso em: 1º mar. 2021.

O *blockchain*, em uma tradução livre e literal, poderia ser chamado de "cadeia de blocos", o que expressa de maneira relativamente adequada as suas características de um banco de dados público, estruturado como uma espécie de livro-razão, em que as transações são agrupadas em blocos (*blocks*), que são agrupados entre si por meio de elos (*chains*).

Dentro de um determinado *blockchain*, qualquer usuário pode consultar as operações já realizadas e ali registradas. Além disso, cabe destacar que as operações são autenticadas e validadas pelos próprios usuários, por meio de um sistema de chaves, garantindo a privacidade, transparência e independência mencionados, bem como evitando que um mesmo criptoativo seja comercializado duas vezes.

No exemplo trazido por Ulrich, "*quando a Maria decide transferir bitcoins ao João, ela cria uma mensagem, chamada de "transação", que contém a chave pública do João, assinando com sua chave privada. Olhando a chave pública da Maria, qualquer um pode verificar que a transação foi de fato assinada com sua chave privada, sendo, assim, uma troca autêntica, e que João é o novo proprietário dos fundos. A transação – e portanto uma transferência de propriedade dos bitcoins – é registrada, carimbada com data e hora e exposta em um "bloco" do blockchain (o grande banco de dados, ou livro-razão da rede Bitcoin). A criptografia de chave pública garante que todos os computadores na rede tenham um registro constantemente atualizado e verificado de todas as transações dentro da rede Bitcoin, o que impede o gasto duplo e qualquer tipo de fraude*".[4]

Entender a figura do *blockchain*, portanto, torna-se obrigatório para compreender o funcionamento dos criptoativos, vez que a utilização de modelos de tecnologia descentralizados é fundamental aos criptoativos.

Em pensamento futurista, Primavera De Filippi reflete sobre a possibilidade de a ampla adoção do *blockchain* em transações comerciais pelo mundo resultar na mudança de parâmetros: do direito (*rules of law*) para o código (*rules of code*)[5].

Cabe mencionar que, conforme esclarecido a seguir, os conceitos de criptoativos e criptomoedas, embora algumas vezes utilizados como sinônimos erroneamente, são diversos.

Os criptoativos não se restringem às criptomoedas. Na realidade, podem ser entendidos como um gênero, que possui algumas espécies,

4 ULRICH, Fernando. *Bitcoin a Moeda na Era Digital*. São Paulo: Mises Brasil, 2014. p. 18.

5 DE FILIPPI, Primavera; WRIGHT, Aaron. *Blockchain and the Law: the rule of code*. Cambridge: Harvard University Press, 2018. p. 210.

dentre as quais as criptomoedas estariam incluídas, de maneira que destacaremos as três principais.

1.3. Plataformas

Também conhecidas como *exchanges*, são plataformas que funcionam como intermediárias para as transações envolvendo criptoativos. Facilitam a conexão entre interessados em comprar ou vender criptoativos ou criptomoedas e agem como garantidoras de que a operação será concluída de maneira segura.

Podem ser divididas entre *exchanges* centralizadas e descentralizadas, diferenciando-se pela maneira que os serviços são ofertados. As centralizadas se assemelham às corretoras de ações, realizando serviços de custódia, administração e transferência de ativos.

Cabe salientar que as *exchanges* centralizadas demandam que seus usuários façam cadastros em seu sistema interno, que está fora do *blockchain*, criando uma carteira virtual. Todavia, os titulares devem transferir para as *exchanges* a posse dos criptoativos para que operem com essa carteira, o que destarte já aumenta diversos riscos relativos ao negócio.

Portanto, na prática, o que se vê é a utilização de um sistema paralelo ao do *blockchain* pelas *exchanges* centralizadas, que demanda ao usuário dispor do seu anonimato e da titularidade dos criptoativos, pontos nefrálgicos da ideia inicial desta modalidade, recebendo em troca maiores garantias de liquidez e maior segurança nas operações.

Já as *exchanges* descentralizadas realizam ao menos uma das atividades de conexão de usuários, custódia de ativos ou administração do livro de ofertas de maneira descentralizada, pelo próprio sistema do *blockchain*. Contudo, cabe destacar que estas são minoria no Brasil, devido ao seu maior custo e necessidade de tecnologia avançada.

1.4. Tipos de criptoativos

Os criptoativos não se restringem às criptomoedas. Na realidade, podem ser entendidos como um gênero, que possui algumas espécies, dentre as quais as criptomoedas e os tokens estão incluídos.

O principal e mais conhecido tipo de criptoativo é a criptomoeda, moeda virtual que não existe de forma física utilizada no pagamento de transações realizadas em qualquer lugar do planeta.

Embora o Bitcoin seja a criptomoeda mais conhecida e difundida atualmente, existem diversas outras, tais como o Litecoin, Ethereum e Nano.

Outra característica das criptomoedas é a garantia de anonimato, em virtude das características do sistema de *blockchain* que serve como base para todas as transações.

Por fim, a inexistência de uma regulação, por parte de qualquer órgão ou autoridade, garante às criptomoedas sua livre circulação, já que podem ser negociadas sem entraves por qualquer pessoa que tenha acesso a elas, bem como a inexistência de taxas e a ocorrência de oscilações de preço tão somente pelas próprias regras de mercado.

Os tokens são ativos que podem ser divididos em dois grupos: (i) *utility tokens*; e (ii) *security tokens*.

Os *utility tokens* podem ser entendidos como "*fichas*". Eles garantem ao proprietário o direito a um produto ou serviço, a ser auferido no futuro. Portanto, os *utility tokens* possuem uma função específica, não sendo assim passíveis de especulação, o que os deixa fora da alçada dos órgãos de regulação de valores mobiliários e ativos financeiros no mundo.

Estes *tokens* guardam uma semelhança considerável com diversos tipos de valores mobiliários regulados pela CVM, com a aptidão de atrair recursos de terceiros e possuir atratividade vinculada ao sucesso de um empreendimento. Representam um bem financeiro fora do universo do *blockchain*.

1.5. ICO's

Conforme já explicado, a tecnologia dos *blockchains*, pensada inicialmente para o Bitcoin, acabou permitindo diversas outras utilizações, que possibilitaram a realização dos chamados *Initial Coin Offering* – ICO.

Os ICO's utilizam um formato que guarda semelhança com o *crowdfunding* de investimento e os IPO's, com a oferta ao público de novos criptoativos que foram emitidos, tendo como objetivo a arrecadação de fundos.

Esses ativos podem tanto ser criptomoedas quanto *tokens* (do tipo *utility* ou *security*), mas a CVM tratará de forma diferente a operação, a depender do tipo de criptoativo que venha a ser emitido e da sua funcionalidade.

Conforme apontado por Nathalia Rebello e Ricardo Mafra, "ICOs podem representar risco ao investidor e o quadro regulatório deve fornecer alguma resposta a esse problema", havendo justificativa para regulação própria sobre o tema[6].

6 RABELLO, Nathalia; MAFRA, Ricardo. Regulação das *initial coin offering* no direito brasileiro: as dificuldades práticas e algumas recomendações para a construção de

2. Ordenamento jurídico e os criptoativos

A temática dos criptoativos ainda não possui larga regulamentação no ordenamento jurídico brasileiro, em razão da novidade do tema (menos de 15 anos) e da postura do legislador nacional.

É bem sabido que o processo legislativo brasileiro é politicamente complexo, gerando uma morosidade excessiva. Some-se isso à resistência natural existente face a novas tecnologias, muitas vezes por puro desconhecimento, e o resultado é a falta de legislação sobre criptoativos.

Apesar disso, já existem projetos de lei tramitando no Poder Legislativo federal que buscam a regulamentação do tema desde 2015[7], embora careçam de compreensão e análise técnica necessárias para avaliar e melhor adequar à sociedade brasileira os criptoativos.

Contudo, ainda que não exista uma lei específica em vigor para criptoativos, o vasto repertório normativo brasileiro prevê certos norteadores que são aplicáveis ao tema aqui estudado.

A nossa Carta Magna é responsável por garantir os princípios básicos que lastreiam a compreensão atual dos criptoativos no país, quais sejam a livre iniciativa[8] e a legalidade[9].

Os dois princípios conjugados garantem a sustentação da utilização dos criptoativos, ainda que sem regulamentação específica, ao permitir que uma inovação tecnológica e mercadológica não possa ser impedida, senão por virtude de lei.

Em que pese a falta de legislação específica sobre os criptoativos, pode-se encontrar maior detalhamento e regramento na regulamentação infralegal. As autarquias e órgãos brasileiros, como a CVM, o Banco Central do Brasil (Bacen) e a Receita Federal, preenchem, ainda que sem esgotar ou mesmo se aprofundar no tema, e de maneira provisória, a la-

---

um marco regulatório adequado. In: BECKER, Daniel; FERRARI, Isabela (coord.). *Regulação 4.0*. São Paulo: Revista dos Tribunais, 2019. p. 242.

---

7 Vide PL's n° 2303/2015 e 2060/2019, em tramitação perante a Câmara dos Deputados, e os PL's nº 3825/2019; 3949/2019; 4207/2019 e 4.207/2020, em tramitação no Senado Federal.

8 Conforme Art. 1º da Constituição Federal "A República Federativa do Brasil, formada pela união indissolúvel dos Estados e Municípios e do Distrito Federal, constitui-se em Estado Democrático de Direito e tem como fundamentos: [...] IV - os valores sociais do trabalho e da livre iniciativa" e Art. 170, caput: "A ordem econômica, fundada na valorização do trabalho humano e na livre iniciativa [...]."

9 Conforme Art. 5º, II da Constituição Federal: "ninguém será obrigado a fazer ou deixar de fazer alguma coisa senão em virtude de lei."

cuna legal deixada pelo Poder Legislativo, utilizando-se também de seu maior conhecimento técnico sobre as questões.

A atividade econômica é desenvolvida a despeito de uma lei federal versar especificamente sobre o segmento. No caso das criptomoedas, as autoridades administrativas gradualmente emitiram posições relacionadas, a fim de contemplar aspectos de captação de poupança popular (CVM), regulação bancária e tributação.

2.1. CVM

No que diz respeito aos ICO's, a CVM manifestou-se em 11 de outubro de 2017, por meio de nota, alertando ao público sobre os riscos desse investimento, bem como esclarecendo que os *tokens* podem estar sujeitos a sua regulação, a depender do seu tipo, por considerar que eles podem ser títulos ou contratos de investimento coletivo.

Desta feita, ao tratar-se de *security token*, este será considerado como valor mobiliário, e, por esta razão, estará sob o escrutínio da CVM. Em contrapartida, se a hipótese em tela for a de um *utility token* ou de um *coin*, a CVM não terá necessariamente competência sobre o ICO que está oferecendo este criptoativo.

A fundamentação utilizada pela CVM advém da previsão legal no sentido de que tais contratos ou títulos podem ou não ser considerados valores mobiliários[10], a depender de sua oferta buscar a captação de recursos para a emissora de maneira pública e aberta.

Portanto, caso um ICO se enquadre como oferta de valor mobiliário, a operação estará sob escrutínio da CVM, de forma que a emissora deverá observar o arcabouço normativo da autarquia, a fim de assegurar a conformidade legal de sua oferta. A não conformidade poderá sujeitar a emissora às sanções e penalidades aplicáveis pela CVM.

Outro aspecto relevante tratado pela CVM é a distinção entre os prospectos de oferta pública nos IPO's e os *white papers* nos ICO's. Enquanto o primeiro documento é regulado pela autarquia, sendo obrigatória sua existência e adequação às normas da CVM em ofertas públicas, o segundo é desprovido de padrão e sem respaldo do regulador.

---

10 Cf. Art. 2º da Lei nº 6.385/76: "São valores mobiliários sujeitos ao regime desta Lei: [...]. IX - quando ofertados publicamente, quaisquer outros títulos ou contratos de investimento coletivo, que gerem direito de participação, de parceria ou de remuneração, inclusive resultante de prestação de serviços, cujos rendimentos advêm do esforço do empreendedor ou de terceiros."

Essa preocupação da CVM com os ICO's gerou a divulgação de u, Ofício Circular[11], no qual a autarquia proibiu que os fundos de investimento adquiram criptomoedas, por entender que elas não constituem ativos financeiros. Contudo, existe uma exceção, disposta em novo Ofício Circular[12], que permite o investimento indireto em criptoativos no exterior pelos fundos de investimento.

Portanto, uma companhia que queira operar como intermediária em transações que envolvam criptoativos deverá observar as mesmas restrições e normas que as companhias autorizadas a transacionar com valores mobiliários, quando os criptoativos se enquadrarem nessa modalidade.

Neste sentido, atualmente já existem algumas companhias autorizadas a operar com criptomoedas no país, como a QR Asset Management e a Hashdex.

Mais recentemente, a CVM publicou uma Instrução Normativa[13] em que regulamentou um *sandbox* regulatório para *fintechs*, tratando inclusive sobre os impactos das operações financeiras envolvendo criptomoedas. Cabe mencionar, contudo, que essa norma infralegal foi revogada por Resolução[14] posterior, que dispôs novas normas sobre o *sandbox* em questão.

Por fim, cumpre destacar, uma vez mais, que a ausência de regulações específicas para os criptoativos pode gerar insegurança e instabilidade no caso concreto, especialmente nos investidores, uma vez que as operações relacionadas a estes valores ocorrem em lacunas normativas, que obrigam a utilização de analogias para sua compreensão e análise.

---

11 Cf. Ofício Circular nº 1/2018/CVM/SIN: "a interpretação desta área técnica é a de que as criptomoedas não podem ser qualificadas como ativos financeiros, para os efeitos do disposto no artigo 2º, V, da Instrução CVM nº 555/14, e por essa razão, sua aquisição direta pelos fundos de investimento ali regulados não é permitida."

12 Cf. Ofício Circular nº 11/2018/CVM/SIN: "A Instrução CVM nº 555, em seu arts. 98 e seguintes, ao tratar do investimento no exterior, autoriza o investimento indireto em criptoativos por meio, por exemplo, da aquisição de cotas de fundos e derivativos, entre outros ativos negociados em terceiras jurisdições, desde que admitidos e regulamentados naqueles mercados."

13 Cf. Instrução Normativa da CVM nº 626, de 15 de maio de 2020.

14 Cf. Resolução CVM nº 29, de 11 de maio de 2021.

2.2. Banco Central

A emissão de moeda é competência exclusiva da União Federal, que a exerce pelo Bacen[15], em virtude de dispositivo constitucional.

Neste sentido, a autarquia emitiu Comunicado em 2014[16] afirmando que as criptomoedas não podiam ser confundidas com a moeda eletrônica da Lei nº 12.865/2013, aduzindo que aquelas não são reguladas por nenhuma entidade ou órgão financeiro, tendo toda sua organização realizada pelo emissor, o que geraria um risco muito maior à sociedade e aos investidores. Já a moeda eletrônica é uma representação de créditos denominados em reais, realizada e armazenada em sistema que permita a transação.

Com isso, o Bacen acreditava que não haveria necessidade, naquele momento, de realizar uma análise mais aprofundada[17]. Tal entendimento foi mantido em 2017, quando houve a emissão de novo Comunicado[18], que permanece em vigor.

Cabe salientar recente Resolução emitida pela autarquia[19] em que foram alteradas algumas normas relativas à moeda eletrônica, o que gerou confusão no ordenamento jurídico, tendo em vista a similaridade de nomes entre os dois institutos. Contudo, conforme já explicitado, trata-

15 Cf. Art. 164 da Constituição Federal: "Art. 164. A competência da União para emitir moeda será exercida exclusivamente pelo banco central."

16 Cf. Comunicado n° 25.306 de 19/2/2014: "O Banco Central do Brasil esclarece, inicialmente, que as chamadas moedas virtuais não se confundem com a "moeda eletrônica" de que tratam a Lei nº 12.865, de 9 de outubro de 2013, e sua regulamentação infralegal. Moedas eletrônicas, conforme disciplinadas por esses atos normativos, são recursos armazenados em dispositivo ou sistema eletrônico que permitem ao usuário final efetuar transação de pagamento denominada em moeda nacional. Por sua vez, as chamadas moedas virtuais possuem forma própria de denominação, ou seja, são denominadas em unidade de conta distinta das moedas emitidas por governos soberanos, e não se caracterizam dispositivo ou sistema eletrônico para armazenamento em reais."

17 Cf. Comunicado BCB n° 25.306 , de 19 de fevereiro de 2014: "No Brasil, embora o uso das chamadas moedas virtuais ainda não se tenha mostrado capaz de oferecer riscos ao Sistema Financeiro Nacional, particularmente às transações de pagamentos de varejo (art. 6º, § 4º, da Lei nº 12.685/2013), o Banco Central do Brasil está acompanhando a evolução da utilização de tais instrumentos e as discussões nos foros internacionais sobre a matéria - em especial sobre sua natureza, propriedade e funcionamento -, para fins de adoção de eventuais medidas no âmbito de sua competência legal, se for o caso."

18 Cf. Comunicado BCB n° 31.379, de 16 de novembro de 2017.

19 Cf. Resolução BCB n° 24, de 22 de outubro de 2020.

-se de conceitos distintos, e as alterações trazidas pela Resolução não são aplicáveis às criptomoedas.

Adicionalmente, o tema das criptomoedas também é discutido no FAQ de Moedas Virtuais[20], elaborado pelo Bacen e constantemente atualizado, no qual a autarquia expõe não regular, autorizar ou supervisionar a utilização de moedas virtuais, como as chama, nem das *criptoexchanges* que realizam operações. Quanto às transferências internacionais, o Bacen entende que não é possível realizá-las com criptomoedas, visto que estas operações devem ser conduzidas por instituições autorizadas pela autarquia a operar no mercado cambiário e que estão sujeitas às suas regras e normas.

2.3. Receita Federal

A Receita Federal do Brasil, por sua vez, possui regramento dedicado à temática aqui discutida, com Instrução Normativa[21] sobre a questão, tendo como primeiro ponto a ser destacado a equiparação das moedas virtuais aos ativos financeiros para fins de tributação.

Cabe mencionar que as moedas virtuais devem ser declaradas no Imposto de Renda, com a necessidade de pagamento de ganho de capital nas hipóteses em que este estiver presente. A questão dos criptoativos foi tratada no documento de Perguntas e Respostas – IRPF desde a sua versão de 2019. Neste ano, os itens 445 e 606 são os principais que tratam do tema. Destaca-se que os ganhos serão tributados quando o total mensal for superior a R$ 35.000,00, sendo aplicáveis as alíquotas previstas na Lei nº 13.259/2016[22].

---

20 Cf. FAQ Moedas Virtuais BCB, acesso em: jul. 2021.

21 Cf. Instrução Normativa RFB nº 1.888, de 10 de julho de 2019.

22 Cf. Art. 21 da Lei nº 13.259/2016: "O ganho de capital percebido por pessoa física em decorrência da alienação de bens e direitos de qualquer natureza sujeita-se à incidência do imposto sobre a renda, com as seguintes alíquotas:
I - 15% (quinze por cento) sobre a parcela dos ganhos que não ultrapassar R$ 5.000.000,00 (cinco milhões de reais);
II - 17,5% (dezessete inteiros e cinco décimos por cento) sobre a parcela dos ganhos que exceder R$ 5.000.000,00 (cinco milhões de reais) e não ultrapassar R$ 10.000.000,00 (dez milhões de reais);
III - 20% (vinte por cento) sobre a parcela dos ganhos que exceder R$ 10.000.000,00 (dez milhões de reais) e não ultrapassar R$ 30.000.000,00 (trinta milhões de reais); e
IV - 22,5% (vinte e dois inteiros e cinco décimos por cento) sobre a parcela dos ganhos que ultrapassar R$ 30.000.000,00 (trinta milhões de reais)."

Em adendo, a Receita Federal editou a Instrução Normativa nº 1.888/2019, a fim de criar a necessidade de informar a autoridade, tanto para as *criptoexchanges* quanto para as pessoas jurídicas e físicas que fizerem investimentos em criptoativos, e assim aumentar as vertentes de fiscalização por meio da disponibilização de informações relativas às operações. Com a prestação de relatórios mensais detalhando as operações e seus envolvidos, pretende-se que as exchanges forneçam às autoridades fiscais os dados mais relevantes[23].

3. Recuperação de criptoativos

Observados o contexto e as características dos criptoativos e a ausência de uma legislação específica, resta abordar os desafios para recuperação de criptoativos. Na presente seção, serão endereçados cinco obstáculos identificados na prática e comentadas as propostas legislativas acerca da matéria.

3.1. Obstáculos para a recuperação de criptoativos

Oriundos tanto da natureza dos ativos virtuais, quanto da ausência de regramento próprio, os problemas para recuperação de criptoativos geram impactos na percepção de valor dos bens, na lisura de seus proprietários e na licitude do ambiente negocial.

Os obstáculos ora endereçados foram divididos em cinco: (i) dificuldade no rastreamento; (ii) dificuldade na definição do titular; (iii) aparato técnico-operacional insuficiente dos órgãos públicos; (iv) barreiras internacionais; e (v) falta de regulação das *criptoexchanges*.

3.1.1. Dificuldade no rastreamento

Conforme já abordado, as bases principiológicas dos criptoativos são a privacidade e a independência, com a exclusão, inicialmente, de intermediários de qualquer transação. Para isso, utilizam a tecnologia de *blockchain*, que assegura a todos os elos da cadeia a autenticação das operações ali registradas.

Todavia, essa arquitetura sistêmica gera uma consequência possivelmente danosa: o mapeamento e o rastreamento dos criptoativos são relativamente complexos, com reduzido conhecimento pelos órgãos públicos.

---

23 Cf. COELHO, Gustavo Flausino; BAPTISTA, Anna Letícia. A nova dinâmica dos criptoativos. Jota, 14 mai. 2019. Disponível em: <https://www.jota.info/opiniao-e-analise/artigos/a-nova-dinamica-dos-criptoativos-14052019>. Acesso em: 29 jan. 2021.

Isso ocorre em virtude da obrigatoriedade de participação como um elo para autenticar e verificar as operações registradas na cadeia. Além disso, um mesmo criptoativo pode ser transferido inúmeras vezes, com todas essas transações registradas no *blockchain*, de modo que, para mapear corretamente seu trânsito e averiguar quem é o atual proprietário, cabe ao interessado analisar todos os elos do *blockchain*.

Ademais, estes fatores facilitam a utilização dos criptoativos para fins escusos, como lavagem de dinheiro, financiamento do terrorismo e do tráfico, pela sua baixa rastreabilidade.

No contexto específico da recuperação, as dificuldades de rastreamento e de mapeamento viabiliza que uma devedora mantenha valores em criptoativos à parte da declaração de ativos no pedido de recuperação judicial, ou mesmo uma sociedade em crise, já sabendo que provavelmente apresentará o pedido, converta todo o patrimônio possível em criptoativos com reduzida probabilidade de detecção.

3.1.2. Dificuldade na definição do titular

Outra consequência das características dos criptoativos demonstradas no item anterior é a existência de óbices para o correto apontamento de quem é o proprietário do criptoativo. Faz-se necessário analisar o *blockchain* por completo, o que pode gerar dificuldades técnicas e perda de tempo.

Ademais, a anonimização, peculiar neste modelo, reduz a capacidade de se chegar ao titular do ativo, uma vez que, ainda que se obtenha as suas chaves no *blockchain*, estas não possuem identificadores da pessoa física ou jurídica, existente no "mundo real", responsável pelos ativos.

Isso afeta diretamente a eficácia e a aplicabilidade das medidas de constrição e restrição previstas no ordenamento jurídico, que só podem recair em pessoas determinadas, sendo obrigatória a demonstração da conexão entre esta pessoa e o titular do criptoativo no *blockchain*.

Além disso, problemas de governança corporativa podem ser gerados, na hipótese do criptoativo em tela se tratar de um *security token* de direito de voto ou de participação societária, por exemplo. Nestes casos, o próprio processo de tomada de decisão da sociedade acabaria prejudicado, restando dúvidas e questionamentos acerca do controle societário da sociedade.

3.1.3. Aparato técnico-operacional insuficiente dos órgãos públicos

Indubitavelmente, o criptoativo é um tema em ebulição no mundo. Seu crescimento vertiginoso, especialmente entre as gerações mais afeitas à tecnologia, gera aumentos anuais exponenciais dos valores envolvidos.

Contudo, o aumento das transações não é acompanhado, até o momento, pelo acréscimo no conhecimento técnico dos órgãos reguladores e julgadores, que ainda engatinham a esse respeito. Com isso, aspectos relevantes, como a tributação dos criptoativos e a regulamentação das *criptoexchanges*, permanecem lacunosos, contribuindo para a insegurança jurídica sobre os ativos virtuais.

Cumpre observar que este desafio também é compartilhado em outras jurisdições. Recentemente um membro do Departamento de Justiça norte-americano destacou a iniciativa governamental de treinar servidores públicos (economistas e advogados) em assuntos como "blockchain, machine learning, and artificial intelligence[24]".

É fundamental salientar que ocorre também a falta de aparato tecnológico nestes órgãos públicos, altamente prejudicial, visto a necessidade de acesso ao *blockchain* para autenticar e rastrear as transações nele gravadas.

No que diz respeito à recuperação dos ativos, as lacunas normativas, bem como a ausência de varas especializadas no tema, afetam negativamente os julgadores e a capacidade de adequação nos processos.

3.1.4. Barreiras internacionais

A característica extraterritorial dos *blockchains*, com a ausência de uma autoridade reguladora e a distribuição dos participantes por diversos países, gera uma complexa estrutura internacional, que cria barreiras legais para a recuperação dos criptoativos.

Neste caso, os órgãos reguladores acabam reféns de uma das principais características de qualquer ordenamento jurídico nacional: o alcance territorial. Logo, as autoridades de cada jurisdição têm poderes limitados, sem jurisdição extraterritorial.

Cabe mencionar que qualquer elo do *blockchain* possui acesso a todas as transações ali registradas, o que, em tese, permitiria que uma autoridade forçasse que um determinado elo, situado em sua jurisdição,

---

24 ESTADOS UNIDOS DA AMÉRICA. Department of Justice (DOJ). DELHARIM, Makan. "Never Break the Chain": Pursuing Antifragility in Antitrust Enforcement. 27 ago. 2020. Disponível em: <https://www.justice.gov/opa/speech/assistant-attorney-general-makan-delrahim-delivers-remarks-thirteenth-annual-conference>. Acesso em: 25 jan. 2021.

fornecesse acesso ao *blockchain* e, consequentemente, possibilitasse o mapeamento das transações.

Contudo, isso não impediria outro problema, qual seja uma situação em que um proprietário de determinado criptoativo, em fraude à execução ou fraude aos credores, transferisse a titularidade para um novo proprietário, em jurisdição diversa, que não poderia ser alcançado pelas autoridades do local onde o antigo proprietário se situa.

3.1.5. Falta de regulação das criptoexchanges

Embora a CVM possua o entendimento de que as *criptoexchanges*, quando operaram com *security tokens*, estão sujeitas ao crivo da autarquia, boa parte realiza transações somente com criptomoedas, ficando à margem da regulação.

Estes vácuos normativos que permitiam anúncios irrestritos, somados à promessa de ganhos exacerbados, geraram a proliferação de *criptoexchanges* não reguladas no país, que, em número elevado de casos, não se sustentaram e enfrentaram problemas financeiros que as levaram à recuperação judicial, como no caso do Grupo Bitcoin Banco.

Com isso, no panorama da recuperação dos ativos virtuais, restam dúvidas contábeis, empresariais e tributárias sobre a forma que esta se daria, no tocante às *criptoexchanges* em recuperação judicial ou executadas.

3.2. Propostas

3.2.1. Legislação brasileira

Indubitavelmente, o tema dos criptoativos é capaz de gerar fortes emoções por parte dos envolvidos. O Poder Legislativo não fica excluído dessa afirmativa, vez que diversos projetos de lei tramitam no Parlamento.

Quanto à questão suscitada no item 3.1.4, recentemente foi aprovada a Lei nº 14.112, de 24 de dezembro de 2020, com relevante novidade em nosso ordenamento jurídico, que atualizou a Lei nº 11.101/2005 - Lei de Recuperação e Falência (LRF), adotando o texto da lei modelo da *United Nations Commission on International Trade Law* - UNCITRAL. Dentre suas disposições, a nova lei criou a figura da insolvência transnacional, que tem como um de seus principais objetivos fomentar a cooperação internacional entre outros países e o Brasil[25].

---

25 Cf. Art. 167-A da LFR: "Este Capítulo disciplina a insolvência transnacional, com o objetivo de proporcionar mecanismos efetivos para:

Por esta razão, equiparou os credores estrangeiros aos nacionais[26] e dispôs o dever do juízo de cooperar com a autoridade ou representante estrangeiro[27], o que corroboraria para a melhora na situação.

Esta ideia também pode ser verificada em outros artigos da mesma lei, como o art. 167-F[28], que permite que o representante estrangeiro postule diretamente no Brasil, e o art. 167-G, 5º[29], que regula a possi-

I - a cooperação entre juízes e outras autoridades competentes do Brasil e de outros países em casos de insolvência transnacional;
II - o aumento da segurança jurídica para a atividade econômica e para o investimento;
III - a administração justa e eficiente de processos de insolvência transnacional, de modo a proteger os interesses de todos os credores e dos demais interessados, inclusive do devedor;
IV - a proteção e a maximização do valor dos ativos do devedor;
V - a promoção da recuperação de empresas em crise econômico-financeira, com a proteção de investimentos e a preservação de empregos; e
VI - a promoção da liquidação dos ativos da empresa em crise econômico-financeira, com a preservação e a otimização da utilização produtiva dos bens, dos ativos e dos recursos produtivos da empresa, inclusive os intangíveis."

26 Cf. Art. 167-G da LFR: "Os credores estrangeiros têm os mesmos direitos conferidos aos credores nacionais nos processos de recuperação judicial, de recuperação extrajudicial ou de falência."

27 Cf. Art. 167-P: "O juiz deverá cooperar diretamente ou por meio do administrador judicial, na máxima extensão possível, com a autoridade estrangeira ou com representantes estrangeiros, na persecução dos objetivos estabelecidos no art. 167-A desta Lei."

28 Art. 167-F. O representante estrangeiro está legitimado a postular diretamente ao juiz brasileiro, nos termos deste Capítulo.
§ 1º O pedido feito ao juiz brasileiro não sujeita o representante estrangeiro nem o devedor, seus bens e suas atividades à jurisdição brasileira, exceto no que diz respeito aos estritos limites do pedido.
§ 2º Reconhecido o processo estrangeiro, o representante estrangeiro está autorizado a:
I - ajuizar pedido de falência do devedor, desde que presentes os requisitos para isso, de acordo com esta Lei;
II - participar do processo de recuperação judicial, de recuperação extrajudicial ou de falência do mesmo devedor, em curso no Brasil;
III - intervir em qualquer processo em que o devedor seja parte, atendidas as exigências do direito brasileiro.

29 Cf. Art. 167-G da LFR "Os credores estrangeiros têm os mesmos direitos conferidos aos credores nacionais nos processos de recuperação judicial, de recuperação extrajudicial ou de falência.
§ 1º Os credores estrangeiros receberão o mesmo tratamento dos credores nacionais, respeitada a ordem de classificação dos créditos prevista nesta Lei, e

bilidade de remessa ao exterior dos valores recebidos por créditos de credores domiciliados no exterior.

Além disso, a lei em tela criou a possibilidade de o juízo realizar o conhecimento do processo estrangeiro, admitindo-o como principal ou não principal. Esse conhecimento gerará diversas consequências, tais como a ineficácia da transferência de bens do ativo não circulante do devedor.

Contudo, embora a lei em comento seja um enorme avanço, a sua aplicabilidade fica restrita aos países com quem o Brasil possui acordos e tratados para facilitar a recuperação de ativos no contexto da recuperação judicial. Neste particular, torna-se necessário, como política externa, incentivar a celebração de novos acordos e tratados que ampliem a gama de países com quem temos parcerias neste sentido, tanto no caráter estrito da recuperação judicial quanto de modo mais amplo.

Ademais, uma vez que os criptoativos possuem viés internacional e são uma temática singular, é recomendável a celebração de acordos e tratados específicos sobre eles, que possibilitariam simplificar a sua retomada, por meio de mecanismos de cooperação, tais como a ampliação do alcance territorial dos efeitos das sentenças, não se restringindo a hipóteses de recuperação judicial.

Resta claro, neste sentido, que as inovações trazidas pela Lei nº 14.112/20 compreendem um bom avanço para o tratamento de ativos no exterior, no tocante à recuperação judicial. Contudo, ainda não são suficientes para solucionar a problemática relativa aos criptoativos de forma geral, que possuem particularidades que devem ser observadas quando analisados.

Em outro panorama, a ausência de regulação específica e extensa para o tema aqui discutido gera outro contratempo, qual seja a fundamentação e possibilidade de penhora de criptoativos, que, atualmente, é controvertida no Brasil.

---

não serão discriminados em razão de sua nacionalidade ou da localização de sua sede, estabelecimento, residência ou domicílio, respeitado o seguinte:

§ 4º A comunicação do início de um processo de recuperação judicial ou de falência para credores estrangeiros deverá conter as informações sobre providências necessárias para que o credor possa fazer valer seu direito, inclusive quanto ao prazo para apresentação de habilitação ou de divergência e à necessidade de os credores garantidos habilitarem seus créditos

§ 5º O juiz brasileiro deverá expedir os ofícios e os mandados necessários ao Banco Central do Brasil para permitir a remessa ao exterior dos valores recebidos por credores domiciliados no estrangeiro."

Os que defendem a possibilidade de penhora sustentam que poderia ser expedida intimação a determinadas *criptoexchanges*, para prestarem informações a respeito dos criptoativos do réu que foram transacionados, com fulcro em dispositivo do Marco Civil da Internet[30]. Tendo sido informada a existência de criptomoedas, elas poderiam ser consideradas bens do réu com valor econômico e, consequentemente, seriam passíveis de penhora[31].

Ainda, não haveria que se falar em impossibilidade de penhora por se tratar de moeda estrangeira, o que é vedado na legislação pátria, vez que, conforme já demonstrado no capítulo anterior, as criptomoedas são moedas virtuais.

Embora tal entendimento nos pareça razoável, resta claro que uma norma específica, prevendo expressamente a possibilidade de penhora de criptoativos seria a resolução melhor para a celeuma, conferindo maior segurança nas execuções.

Além do ponto anterior, o caráter altamente variável e arriscado das criptomoedas, com quedas e altas vertiginosas, faz com que seja recomendável a existência, nesta norma específica, de dispositivo que preveja a conversão das criptomoedas penhoradas em moeda corrente, bem como a forma em que isso ocorreria.

Ainda que o princípio da menor onerosidade ao executado o proteja, a função primordial de uma execução é satisfazer o credor, que teve seu direito frustrado e precisou ingressar com ação para fazê-lo valer, de modo que o risco na manutenção dos ativos penhorados como criptoativos seria indefensável.

---

30 Cf. Art. 11, §3º da Lei 12.965/2014: "Art. 11. Em qualquer operação de coleta, armazenamento, guarda e tratamento de registros, de dados pessoais ou de comunicações por provedores de conexão e de aplicações de internet em que pelo menos um desses atos ocorra em território nacional, deverão ser obrigatoriamente respeitados a legislação brasileira e os direitos à privacidade, à proteção dos dados pessoais e ao sigilo das comunicações privadas e dos registros. (...)
§ 3º Os provedores de conexão e de aplicações de internet deverão prestar, na forma da regulamentação, informações que permitam a verificação quanto ao cumprimento da legislação brasileira referente à coleta, à guarda, ao armazenamento ou ao tratamento de dados, bem como quanto ao respeito à privacidade e ao sigilo de comunicações."

31 Cf. DONIZETTI, Elpídio. *Curso Didático de Direito Processual Civil.* 20. ed. São Paulo, SP: Atlas, 2018, p. 701: "Em princípio, todos os bens de propriedade do devedor ou dos responsáveis pelo débito, desde que tenham valor econômico, são passíveis de penhora."

Adicionalmente, a norma precisaria se debruçar em outra questão, qual seja a titularidade dos criptoativos mantidos por *criptoexchanges* e o respectivo impacto na penhora. Conforme endereçado, as *criptoexchanges* utilizam dois sistemas, um interno, que registra os clientes e suas carteiras virtuais, e o externo, dentro do *blockchain*, onde são realizas as transações.

Contudo, a posse do criptoativo é transferida para a *criptoexchange*, para que esta opere no *blockchain* com ele. Neste sentido, é prudente admitir que, na hipótese de um pedido de penhora dos ativos de uma *criptoexchange*, os titulares originários arguiriam que a propriedade era, na realidade, deles, sendo impossível a penhora. Por outro lado, em pedido de penhora lastreado na hipótese supramencionada (do Marco Civil), os titulares originários - e a *criptoexchange* - poderiam aduzir que já ocorrera a tradição da propriedade.

Buscando evitar o debate acima, a norma poderia prever que, para os casos de criptoativos mantidos em *criptoexchanges*, a propriedade seria sempre do titular originário, pouco importando quem operaria no *blockchain*.

Alternativamente, a norma poderia dispor sobre a criação de carteiras virtuais do Poder Judiciário, que funcionariam de maneira similar a sua conta bancária. Ou seja, possibilitaria que os ativos bloqueados fossem transferidos para estas carteiras, nos moldes do que ocorre com valores penhorados. Tais valores poderiam ser convertidos ou não em moedas reais, a depender da escolha do legislador, muito embora já tenhamos apresentado nosso entendimento no sentido de que a conversão seria o mais interessante para o credor.

Todavia, a proteção aos credores ainda necessita de mais atenção, de forma que seria recomendável a previsão expressa na norma de que a omissão, ocultação, dissimulação ou qualquer meio de mascarar a existência de criptoativos configuraria fraude.

Para corroborar com esta previsão e considerando o grau de risco do investimento em criptoativos, a norma poderia alterar a LFR, prevendo que a omissão de criptoativos configuraria crime de fraude aos credores qualificado, na figura do novo artigo 168, §1º, VI. O mesmo poderia ser realizado no que toca o Código Penal, com a norma prevendo a inclusão do artigo 179, §2º, que seria a figura do crime de fraude à execução qualificado.

Estas previsões, somadas aos outros dispositivos aqui sugeridos, por obviedade não encerram as discussões e afastam a pertinência de regulamentação sobre o tema. Desta feita, a normatividade infralegal também carece de melhorias, como observado a seguir.

3.2.2. Regulamentação infralegal

O montante cada vez maior de criptoativos negociados e os valores recordes alcançados pelos ativos são indícios para a crescente relevância social do tema.

Neste particular, uma das maiores dificuldades verificadas na análise de temáticas tecnológicas e inovadoras é a falta de conhecimento técnico dos órgãos reguladores, conforme discutido anteriormente no texto. Neste sentido, sugestão relevante seria a criação de áreas com especialização em criptoativos no Banco Central e na Procuradoria Geral da Fazenda Nacional.

Ademais, o aumento no grau de conhecimento técnico destes permitiria o incentivo à regulamentação conjunta com o Conselho Nacional de Justiça – CNJ sobre os criptoativos, conjugando tanto o ponto de vista jurídico, quanto o tecnológico e o financeiro, promovendo discussões e debates que certamente gerariam inúmeros frutos ao ordenamento jurídico brasileiro.

Já com relação à CVM, adicionalmente, cabe mencionar que a realização de audiências públicas pela autarquia é ferramenta ideal para consultar o mercado e discutir as questões relativas aos criptoativos. Obviamente que o *sandbox* regulatório instituído pela ICVM nº 626/2020 tratou de um bom início, mas o regime experimental analisará inúmeros temas, sendo os criptoativos tão somente um dos muitos pontos que serão discutidos.

Portanto, uma avaliação mais específica e especializada da questão pode trazer efeitos mais benéficos, permitindo que a sociedade participe e se manifeste, mas também desenvolvendo de forma mais intensa os conhecimentos técnicos da autarquia, permitindo que sua atuação seja progressivamente melhor. Neste sentido, a convocação de uma audiência pública pela autarquia sobre os criptoativos e as *criptoexchanges* poderia cumprir perfeitamente tal objetivo.

Por fim, as *criptoexchanges* merecem uma atenção regulatória especial da autarquia. A previsão de que aquelas que realizarem operações com *security tokens* estarão sob o crivo de todo o arcabouço regulatório da CVM, no que diz respeito aos operadores de valores mobiliários, é importante, mas insuficiente.

O grau de risco para os investidores é consideravelmente elevado, tendo em vista os pontos apresentados. Com isso, é necessária uma maior proteção aos investidores, especialmente para evitar casos de quebra da sociedade e fraude aos credores, como ocorrido em diversos casos noticiados na mídia nos últimos dois anos.

Com isso, é recomendável a criação de disposição no sentido de obrigar cada *criptoexchange* a estabelecer um fundo de garantia de todos os criptoativos por ela operacionalizados, com valores em moedas regulares, atualizados anualmente, nos mesmos moldes do Fundo Garantidor de Créditos - FGC[32] e do regramento das seguradoras[33].

É indiscutível que todas as sugestões acima não têm o condão de concluir o debate acerca da regulação dos criptoativos no Brasil, mas elas atingem os preceitos mínimos para criar uma normatividade básica sobre o tema, garantindo maior segurança jurídica aos investidores, à sociedade e mesmo às instituições.

Considerações finais

Os desafios para recuperação de ativos são conhecidos por advogados especializados, especialmente quando envolvem bens localizados em diversas jurisdições. Apesar da esperança de que as inovações – tecnológicas e normativas – tragam melhorias a ambientes dificultosos, é possível observar que o novo mercado dos criptoativos (ainda) é repleto de incertezas e inseguranças para credores em uma execução.

O presente artigo aponta para cinco obstáculos para a recuperação de criptoativos: (i) dificuldade no rastreamento; (ii) dificuldade na definição do titular; (iii) aparato técnico-operacional insuficiente dos órgãos públicos; (iv) barreiras internacionais; e (v) falta de regulação das *criptoexchanges*.

O problema enfrentado é inerente às características dos criptoativos e ao desenvolvimento do mercado novo e em expansão globalmente. Espera-se que o Brasil possa avançar na esfera jurídica para melhor tratar do tema, especialmente no âmbito da recuperação destes ativos,

---

32 Cf. Art. 28, §1º da Lei Complementar nº 101 de 2000 "Art. 28. Salvo mediante lei específica, não poderão ser utilizados recursos públicos, inclusive de operações de crédito, para socorrer instituições do Sistema Financeiro Nacional, ainda que mediante a concessão de empréstimos de recuperação ou financiamentos para mudança de controle acionário.
§ 1º A prevenção de insolvência e outros riscos ficará a cargo de fundos, e outros mecanismos, constituídos pelas instituições do Sistema Financeiro Nacional, na forma da lei." e Cf. Art. 1º da Resolução nº 2211 BCB de 20 de novembro de 2015: "Art. 1º Aprovar o estatuto e o regulamento anexos, pertinentes ao Fundo Garantidor de Créditos - FGC."

33 Cf. Art. 84 do Decreto-Lei nº 73 de 21 de novembro de 1966: "Para garantia de todas as suas obrigações, as Sociedades Seguradoras constituirão reservas técnicas, fundos especiais e provisões, de conformidade com os critérios fixados pelo CNSP, além das reservas e fundos determinados em leis especiais"

de modo a mitigar os obstáculos existentes para a efetiva satisfação dos interesses de credores e da sociedade em geral.

Referências bibliográficas

COELHO, Gustavo Flausino; BAPTISTA, Anna Letícia. **A nova dinâmica dos criptoativos**. Jota, 14 mai. 2019. Disponível em: <https://www.jota.info/opiniao-e-analise/artigos/a-nova-dinamica-dos--criptoativos-14052019>. Acesso em: 29 jan. 2021.

DE FILIPPI, Primavera; WRIGHT, Aaron. **Blockchain and the Law: the rule of code**. Cambridge: Harvard University Press, 2018.

DONIZETTI, Elpídio. **Curso Didático de Direito Processual Civil**. 20. ed. São Paulo, SP: Atlas, 2018.

ESTADOS UNIDOS DA AMÉRICA. Department of Justice (DOJ). DELHARIM, Makan. **"Never Break the Chain": Pursuing Antifragility in Antitrust Enforcement**. 27 ago. 2020. Disponível em: <https://www.justice.gov/opa/speech/assistant-attorney-general-makan--delrahim-delivers-remarks-thirteenth-annual-conference>. Acesso em: 25 jan. 2021.

NAKAMOTO, Satoshi. **Bitcoin – A peer-to-peer digital currency**. Disponível em: https://bitcoin.org/bitcoin.pdf Acesso em: 1º mar. 2021.

RABELLO, Nathalia; MAFRA, Ricardo. Regulação das *initial coin offering* no direito brasileiro: as dificuldades práticas e algumas recomendações para a construção de um marco regulatório adequado. In: BECKER, Daniel; FERRARI, Isabela (coord.). **Regulação 4.0**. São Paulo: Revista dos Tribunais, 2019.

ULRICH, Fernando. **Bitcoin: a Moeda na Era Digital**. São Paulo: Mises Brasil, 2014. p. 18.

MÉTODOS CONSENSUAIS E RECUPERAÇÃO DE CRÉDITO

Perspectivas para um desenho de disputas envolvendo conflitos entre credor e devedor

Eduardo Braga Bacal[1]
Beatriz Assef[2]

1. Introdução: crise econômica e agravamento com a pandemia. Elevação dos índices de iliquidez, inadimplemento e endividamento. Contornos jurídicos da questão.

Como se sabe, a pandemia provocada pela COVID 19 gerou uma série de consequências em âmbito nacional e internacional. O Brasil foi severamente impactado pela pandemia sob as mais variadas dimensões. As necessárias medidas de restrição e distanciamento social recomendadas pelas autoridades sanitárias e implementadas por diversos estados e municípios do país para conter a disseminação do novo coronavírus acirraram, como era de se esperar, a crise econômica que já havia se instalado no país, desde 2014, contribuindo para um cenário de expressiva estagnação e prejuízo para diversos setores da economia.

Não obstante, a incerteza sobre o futuro e a quebra do estado de confiança aumentaram sensivelmente o risco de crédito e as taxas de juros, prejudicando as condições de financiamento para pessoas físicas e jurídicas e a concessão de empréstimos bancários (muitas vezes indispensáveis para permitir a circulação do crédito e o funcionamento da economia e do setor produtivo).

Desde o início da pandemia, em 2020, a piora do quadro econômico e o significativo aumento das taxas de juros acarretaram o aumento dos índices de endividamento da população brasileira e da inadimplência. Em pesquisa realizada em março daquele ano, apurou-se que 66,2% das famílias brasileiras possuíam dívidas (cheque pré-datado, cartão de crédito, cheque especial, carnê de loja, empréstimo pessoal, prestação do carro e seguro) tendo esse percentual chegado a 66,6% no mês de abril.

---

1 Presidente da Comissão da OAB/RJ sobre Recuperação de Ativos em Fraudes Internacionais. Doutorando em Direito Processual pela UERJ e Mestre em Direito pela Universidade de Coimbra, Portugal. Professor de Direito Processual Civil do IBMEC-RJ e da Pós-Graduação em Direito Processual Civil da PUC/Rio. Advogado.

2 Mestranda em Direito Processual pela UERJ. Pós-Graduada em Arbitragem e Métodos Consensuais de Resolução de Conflitos. Bacharel em Direito pela PUC-Rio. Mediadora e Advogada.

De acordo com dados obtidos a partir da Pesquisa de Endividamento e Inadimplência do Consumidor (PEIC), tratou-se da maior proporção apurada mensalmente desde 2010[3].

O círculo vicioso do endividamento e posterior quebra de confiança, geradora de novos endividamentos e inadimplências, foi bem retratado por Alexandre Morais da Rosa e Bárbara Guasque no seguinte trecho abaixo:

> Isso ocorre porque as altas taxas de juros refletem, em maior medida, o cenário de elevação do risco de inadimplência. O porcentual de inadimplência já alcançou 66,6% — o maior desde o início da pandemia do coronavírus no Brasil —, considerando que a coleta dos dados ocorreu entre 20 de março e 5 de abril de 2020 — marco inicial das medidas de restrição de circulação e da atividade econômica (Exame, 2020). **A pandemia e a crise econômica, em conjunto com a incerteza sobre o futuro e a quebra do estado de confiança, já foram responsáveis pelo sensível aumento do custo do crédito e, consequentemente, das taxas de juros**. Se o Poder Judiciário optar pela frequente interferência contratual, com a criação de maiores entraves para a recuperação judicial do crédito, todos os mutuários arcarão, em breve, com taxas de juros ainda mais elevadas. **Ainda, o esvaziamento contratual tende a potencializar a já instaurada crise de confiança no mercado de crédito, tornando o crédito ainda mais escasso e caro porque aumenta o risco e a incerteza da recuperação judicial em caso de inadimplemento. O que trará ainda mais dificuldade ao já combalido financiamento às empresas brasileiras em um momento em que o crédito se torna crucial para a sobrevivência do setor produtivo**[4].[grifo nosso]

De outra perspectiva, os crescentes índices de inadimplência e de descumprimento de contratos tiveram por consequência o aumento exponencial de conflitos entre credores e devedores. Se de um lado credores passaram a reivindicar o cumprimento de obrigações assumidas e a exigir, na prática, a cobrança integral dos seus créditos, devedores passaram a invocar a teoria da imprevisão, a força maior e a onerosidade

---

3 Neste sentido, confira-se: https://www.conjur.com.br/2020-abr-26/opiniao-impactos-pandemia-endividamento.

4 ROSA, Alexandre Morais/GUASQUE, Bárbara, Reflexos da judicialização do mercado de crédito em tempos de pandemia, Opinión Jurídica, 19(40), Edición especial 2020, pp. 579-593, p. 586.

excessiva como argumentos para buscar uma alteração das condições inicialmente pactuadas (cf. artigos 393 e 478 do Código Civil).

Tal cenário vem aumentando, de forma progressiva, a procura pelo Poder Judiciário para solucionar esse tipo de conflito e a propositura das ações judiciais tradicionalmente utilizadas por credores para a cobrança de seus créditos, como a ação de cobrança, a ação monitória e a execução de título extrajudicial a depender da hipótese e das circunstâncias concretas do caso. Tais demandas judiciais, como se sabe, podem levar alguns anos para serem julgadas e para se obter uma sentença favorável – como é o caso das ações de cobrança e da ação monitória se forem oferecidos embargos monitórios conforme o art. 702 e parágrafos do CPC. E depois pode levar mais alguns anos para que todas as fases recursais sejam concluídas. Mesmo após superadas todas essas etapas, a efetiva satisfação do crédito depende da existência de bens em nome do devedor e do grau de efetividade das medidas executórias para se alcançar essa finalidade.

Todavia, um dos principais gargalos no Poder Judiciário ocorre, precisamente, no processo de execução. De acordo com o relatório anualmente divulgado pelo CNJ em números, em 2018, de um total de 79 milhões de demandas em tramitação, cerca de 42,81 milhões são de natureza executiva fiscal, civil e cumprimento de sentenças, equivalente a 54,2% de todo o acervo do Poder Judiciário. Em 2019, de um total de 77 milhões de processos em trâmite até o final daquele ano, novamente o percentual de execuções foi elevadíssimo, correspondendo a 55,8% do respectivo acervo[5].

Ainda de acordo com os dados do CNJ em números de 2019, apenas 14,9% desses processos de execução alcançaram a satisfação do crédito perseguido, ao passo que a taxa de congestionamento é de 85,1%, isto é, de cada 100 (cem) processos de execução que tramitavam em 2018, somente 14,9% obtiveram baixa definitiva de acordo com os mapas estatísticos.

Tais dados revelam o baixíssimo índice de efetividade da execução para obter-se o resultado almejado com o processo. Ao mesmo tempo, apontam a execução (e sobretudo a execução fiscal) como um dos principais "vilões" que contribuem para o reconhecido colapso do Poder Judiciário. Nessa medida, a principal questão que se coloca é: seria o processo judicial o instrumento mais adequado e efetivo para solucio-

5 Sobre isso, confiram-se os seguintes links: https://www.cnj.jus.br/cnj-apresenta-justica-em-n umeros-2018-com-dados-dos-90-tribunais/https://www.amb.com.br/cnj-divulga-dados-do-relatorio-justica-em-numeros-2019/.

nar demandas e conflitos decorrentes de relação de crédito/débito em nosso país?

Os indicadores acima apontam que não necessariamente. A crise sistêmica e estrutural que atinge todo o Poder Judiciário, independente da origem do Tribunal e da instância do processo, revela que, com frequência, o recurso à medida judicial não é a melhor alternativa por não trazer uma solução efetiva e em tempo razoável para as partes interessadas. Isso porque, no âmbito do conceito de "Justiça Multiportas"[6] e do conceito contemporâneo de acesso à justiça[7], admite-se que a solução de conflitos seja conduzida por diferentes meios, tais como a arbitragem, a mediação, a conciliação e a negociação – além, evidentemente, da propositura de ação judicial. Logo, conflitos decorrentes da relação entre credor e devedor e, em especial, a recuperação e satisfação do crédito podem ser viabilizados por outros meios, muitas vezes mais eficientes, rápidos, técnicos e menos custosos do que o processo judicial. Nosso intuito, por meio deste artigo, é focalizar atenção especial nos métodos consensuais para a solução de conflitos dessa natureza e, em especial, a mediação e a conciliação.

2. O uso de métodos consensuais na recuperação de crédito

2.1. Marco jurídico proporcionado pela Res. 125 do CNJ, CPC/2015 e Lei nº 13.140/2015

Como se sabe, o marco jurídico proporcionado pela Resolução 125 do CNJ, pelo CPC/2015 e pela Lei nº 13.140/2015 foi de suma importância para criar os alicerces e condições para a utilização dos métodos consensuais de solução de conflitos e, em especial, a conciliação e a mediação.

Conforme salienta Kazuo Watanabe, a partir do marco jurídico inaugurado por essas normas:

6 Segundo Tania Almeida, o termo Multiportas foi originalmente criado por Frank Sander – Multidoors Court Houses, ao se referir à possibilidade de oferta e escolha de diferentes métodos de resolução de conflitos integrados ao Poder Judiciário. No âmbito desse sistema, os meios ditos "alternativos" de solução de conflitos estariam compreendidos nas atribuições do Poder Jurisdicional. ALMEIDA, Tania. Mediação e Conciliação: dois paradigmas distintos, duas práticas diversas. In: Mediação de conflitos: novo paradigma de acesso à Justiça. CASELLA, Paulo Borba; SOUZA, Luciane Moessa de. (Coord.). Belo Horizonte: Fórum, 2019. p. 58.

7 Nesse sentido, confira-se: GRECO, Leonardo. Instituições de processo civil. 5ª edição. Rio de Janeiro: Forense, 2015, vol. I, p. 70.

> (...) a mediação e a conciliação passaram, assim, a integrar o instrumental do Judiciário para o exercício das suas atribuições, não mais se constituindo em meros instrumentos de utilização eventual à disposição de alguns juízes mais vocacionados às soluções amigáveis, e sim instrumentos de utilização imperiosa para o correto exercício da judicatura. Os jurisdicionados têm, hoje, o direito ao oferecimento pelo Estado de todos os métodos adequados à solução de suas controvérsias, e não apenas do tradicional método adjudicatório. A esse direito corresponde a obrigação do Estado de organizar e oferecer todos esses serviços, inclusive os chamados métodos alternativos de solução amigável de conflitos. Isso não somente na solução de conflitos judicializados, como também na solução das controvérsias na fase pré-processual, evitando-se, por essa forma, a judicialização excessiva e, muitas vezes, desnecessária dos conflitos de interesses[8].

Nesse sentido, o Conselho Nacional de Justiça editou, em 2010, a Resolução nº 125 (29/11/2010), a qual trouxe em seu bojo algumas premissas de grande relevância para a melhoria do sistema judicial e para o fomento dos métodos autocompositivos, tais como: (i) a associação entre o direito de acesso à justiça previsto na Constituição no art. 5º, XXXV, e o acesso à ordem jurídica justa; (ii) a responsabilidade do Poder Judiciário por estabelecer uma política pública de tratamento adequado dos conflitos de interesses resolvidos no seu âmbito, seja por meios heterocompositivos, seja por meios autocompositivos; (iii) a necessidade de manter uma política pública permanente de incentivo e aperfeiçoamento dos mecanismos sociais de solução de conflitos; (iv) disseminar a cultura da pacificação social e estimular a prestação de serviços autocompositivos de qualidade; (v) o reconhecimento da conciliação e mediação como meios legítimos de solução de conflitos.

Assim, percebe-se uma nítida preocupação do Conselho Nacional de Justiça (CNJ) com a situação de iminente colapso do Poder Judiciário[9], destinando esforços para seu aprimoramento, não só com relação ao aspecto quantitativo (morosidade, acúmulo de processos etc.), mas também e sobretudo quanto à dimensão qualitativa, isto é, a efetiva satis-

---

8 WATANABE, Kazuo, Cadernos FGV Projetos, abril/maio 2017, ano 12, nº 30, p.24/25. Ainda segundo o autor, "*esses serviços devem ser de qualidade, com a participação de mediadores e conciliadores devidamente capacitados, treinados e em constante aperfeiçoamento. Cabe-lhes também oferecer os serviços de orientação e informação dos jurisdicionados para a solução de problemas jurídicos que estejam impedindo ou dificultando o exercício da cidadania*".

9 Sobre essa expressão, confira-se: SALOMÃO, Luís Felipe, Cadernos FGV Projetos, abril/maio 2017, ano 12, nº 30, p.20.

fação dos cidadãos com a prestação da tutela jurisdicional, entendida como serviço público essencial que deve estar disponível a todos, dentro de um Estado Democrático de Direito e como manifestação do princípio da dignidade da pessoa humana (art.1º, caput, e inciso III, da CF/88).

As sementes lançadas pela Resolução 125 do CNJ inspiraram a atuação da Comissão de Juristas convocada para a apresentação do projeto do Novo Código de Processo Civil, a qual incluiu a previsão de diversos dispositivos acerca dos conciliadores e mediadores judiciais como se vê do texto legal que foi aprovado por meio da Lei nº 13.105/2015 (arts. 165 a 175) e ao disciplinar a audiência de conciliação e mediação (art. 334), reforçando seu propósito de incentivar a solução consensual dos conflitos como política de Estado e por todos os operadores do direito, à luz art. 3º, § 3º, do CPC.

Posteriormente, em 2011, foram editadas duas iniciativas legislativas acerca do tema da mediação a fim de adaptar este instituto à Resolução nº 125 do CNJ e ao Projeto do Novo CPC. Com a finalidade de reunir o que havia de melhor nessas Propostas, foi proposto um Substitutivo que resultou na Lei nº 13.140/2015, regulamentando a mediação entre particulares e no âmbito da Administração Pública, nos termos do art. 1º, contendo disposições tanto sobre a mediação judicial como da mediação extrajudicial, para distinguir a que é realizada dentro do Poder Judiciário com aquela conduzida fora dos limites dos Tribunais. O parágrafo único do art. 1º conceitua a mediação em consonância com a doutrina já assentada e com a legislação existente (Resolução nº 125 do CNJ e Novo Código de Processo Civil) como atividade técnica exercida por terceiro imparcial sem poder decisório, que, escolhido ou aceito pelas partes, as auxilia e estimula a identificar ou desenvolver soluções consensuais para a controvérsia.

Neste trabalho, entende-se a mediação e a conciliação como técnicas de negociação assistida por um terceiro imparcial que atua como facilitador e sem poder decisório. O que distingue os dois mecanismos, na essência, é que enquanto a mediação utiliza-se preferencialmente para conflitos decorrentes de relação continuada quando houver vínculo intersubjetivo anterior entre as partes, a conciliação tem seu uso recomendado para solucionar conflitos nos quais não há relacionamento prévio entre as partes (art. 165, §§ 2º e 3º, do CPC). Além disso, a mediação é utilizada primordialmente para conflitos mais complexos cuja solução demanda maior tempo de maturação e o uso de técnicas mais sofisticadas (como é o caso, por exemplo, da escuta ativa).

Sendo assim, é a partir do marco jurídico proporcionado pela Resolução 125 do CNJ, pelo CPC/2015 e pela Lei nº 13.140/2015 que se estabelecem as balizas indispensáveis ao incremento dos métodos de solução consensual de conflitos que podem se mostrar instrumentos muito eficazes para a resolução de disputas decorrentes da relação entre credor e devedor.

2.2. Uso de plataformas eletrônicas para a negociação de dívidas entre devedores e empresas credoras

Para além de um contexto favorável para o fenômeno da "desjudicialização dos conflitos", que propiciou a disseminação das ADR's e dos meios consensuais de solução de conflitos, como a conciliação e a mediação, criou-se, mais recentemente, um campo fecundo para a disseminação das ODRs (online dispute resolutions), permitindo-se a incorporação e a adoção de técnicas para a resolução online de conflitos instaurados na sociedade e adaptação dos ambientes virtuais para essa finalidade[10].

Múltiplos fatores contribuíram para que essa disseminação, entre os quais se destacam os seguintes: (i) o avanço da tecnologia e da internet, rompendo-se barreiras geográficas e transformando-se a dinâmica das relações; (ii) a necessidade de adaptação às demandas de um mundo globalizado e interconectado; (iii) a predominância de modelo de consumo baseado no e-commerce[11], com aumento expressivo

---

10 Sobre o tema, Richard Susskind oferece interessantes reflexões sobre o contexto favorável ao surgimento das ODRs e sua implementação pelos Tribunais: "*Early success stories in the world of ODR gave hope that this might be the answer to those who asked how we might reduce the case load of our overworked court system. Quite Early on, though, we came up with a very different idea – rather than exporting cases from the courts into the fledgling ODR industry, why not import techniques from ODR and make them part of the court system? This was a big leap. But why not? If ODR held such great promise, why not embrace these technologies, with a view to widening and improving court service and, in turn, increasing confidence in the public courts and the rule of law. We wanted some of the kudos of innovating to be attached to our beleaguered courts as well as to ODR entrepreneurs*". SUSSKIND, Richard, *Online courts and the future of justice*, Oxford University Press, Oxford, United Kingdom, 2019, p. 97.

11 Conforme pontua Isadora Werneck, sobre o modelo de consumo baseado no *e-commerce*, "*a despeito das inúmeras facilidades inerentes a esse novo modelo, tais como rapidez e praticidade no ato de comprar; e do aumento exponencial da sua utilização, crescente também foi a ascensão de conflitos. Basta imaginar, por exemplo, a infinidade de problemas possíveis envolvendo as transações comerciais executadas nesses meios, cujas consequências envolvem e guardam relação de dependência com uma cadeia de sujeitos – consumidores, fornecedores, a própria plataforma digital, entre outros*". WERNECK, Isadora, Online Dispute Resolution (ODR) e a (des)necessidade de formulação de reclamação prévia dos consumidores junto às plataformas virtuais para a configuração do interesse de agir, In *Inteligência Artificial e*

das transações comerciais realizadas por meio da internet, que culminou com a inauguração de plataformas online para a resolução de disputas decorrentes dessas transações, das quais são exemplo o sistema *eBay*[12], nos EUA, e o consumidor.gov, no Brasil; (iv) o excesso de demandas judiciais, ocasionando em um elevado congestionamento do Poder Judiciário e na sua crescente dificuldade em fazer frente à multiplicidade de conflitos instaurados na sociedade; e, mais recentemente (v) a pandemia provocada pela COVID-19, que gerou uma expansão do uso de meios eletrônicos em virtude das medidas de distanciamento social que foram implementadas, não só no Brasil mas em diversos países, para conter a proliferação do novo coronavírus.

Entre os mecanismos existentes para as ODRs, a mediação e a conciliação online são, sem dúvida, importantes ferramentas que possibilitam a solução de conflitos de maneira célere e efetiva. Diferentemente dos métodos desenvolvidos a partir de plataformas virtuais que contam apenas com as partes envolvidas em determinada controvérsia (como é o caso do Consumidor.Gov), a mediação e a conciliação são procedimentos negociais que pressupõem a participação de terceiro, neutro e imparcial, mas sem nenhum poder decisório sobre o conflito, que atuará como facilitador para estimular a comunicação e com isso viabilizar que as partes busquem alternativas para a celebração de um acordo. A mediação e a conciliação online são previstas tanto no art. 334, § 7º, do CPC[13] como no art. 46 da Lei nº 13.140/15.

Direito Processual: os impactos da virada tecnológica no direito processual, Coord. Dierle Nunes, Paulo Henrique dos Santos Lucon, Erik Navarro Wolkart - Salvador, Ed. JusPovidm, 2020, p. 110.

---

12 De acordo com Isadora Werneck, "*o eBay em 1999, por meio de um projeto piloto, inaugurou uma das primeiras (e até hoje mais bem-sucedidas) plataformas de resolução online de demandas, abrindo caminho para diversas outras que se desenvolveram a partir da iniciativa. À época, na sua forma embrionária, o mecanismo significava, basicamente, o uso de tecnologia como apoio para a resolução de conflitos em ambiente virtual*". Segundo a autora, o sistema desde então evoluiu significativamente com a implementação de sistema in-house de resolução online de conflitos (eBay Resolution Center) e do *Staircase Approach*, que se desenvolve em fases necessárias para prevenir a eclosão do conflito. Os resultados são amplamente satisfatórios consoante descrito pela autora: "*Com toda essa estrutura, na atualidade, o sistema gerencia mais de 60 milhões de conflitos por ano e alcança, em média, um percentual de desjudicialização de 90%. Paralelamente, faz tudo isso sem que haja nenhuma intervenção humana por parte da companhia, cenário muito distante do inicial, desenvolvido no ano de 1999*". WERNECK, Isadora, ob.cit., pp.111/112.

13 O art. 334, § 7º, do CPC estabelece que "*a audiência de conciliação ou de mediação pode realizar-se por meio eletrônico, nos termos da lei*". Já o art. 46 da Lei nº

Especificamente sobre a mediação on-line, Humberto Dalla salienta que, como toda ferramenta inovadora, apresenta vantagens e desvantagens[14]. Por um lado, ela permite a aproximação virtual entre os mediandos e o mediador, evitando o dispêndio de tempo e recursos com deslocamentos muitas vezes desnecessários. Além disso, o benefício desta ferramenta é ainda superior quando as partes envolvidas no conflito residem em localidades distantes e, não raras vezes, uma das partes possui domicílio no exterior, superando, assim, as barreiras impostas pelo distanciamento geográfico.

A crise global provocada pela COVID-19 consolidou de forma definitiva a utilidade prática e logística da mediação on-line, em vista das restrições à livre circulação de pessoas decorrentes da pandemia.

Em contrapartida, a ausência de contato pessoal entre as partes e o mediador gera maiores dificuldades para a percepção das emoções (expressão facial, linguagem corporal). Esse é um instrumento imprescindível para o mediador captar o comportamento das partes no decorrer do procedimento negocial e utilizar a estratégia mais apropriada. Isso acaba por prejudicar a criação de ambiente que favoreça a empatia e a relação de confiança (rapport), que é visceralmente importante para as partes alcançarem entendimentos mútuos e assim aumentarem as chances de acordo.

Também é oportuno mencionar que, além dos desafios decorrentes da virtualização das reuniões, as Câmaras de Mediação ganharam novas preocupações, decorrentes da Lei Geral de Proteção de Dados, que determinam uma nova organização das trocas de informações. Em uma análise superficial, parece que a questão envolveria meramente o consentimento das partes sobre a forma de tratamento dos dados durante o procedimento. Contudo, o consentimento qualificado é apenas um dos diversos princípios e deveres que são impostos pela Lei, pois ela regula todo o chamado "ciclo de tratamento", desde a disponibilização das informações até o seu eventual pagamento, com o fim do procedimento. O que se quer destacar é que a utilização da mediação on-line, atualmente, implica em uma transformação na maneira de pensar, criar sistemas,

13.140/15 estipula que *"a mediação poderá ser feita pela internet ou por outro meio de comunicação que permita a transação à distância, desde que as partes estejam de acordo"*.

14 DALLA, Humberto, Mediação online em tempos de virtualização forçada das ferramentas de resolução de conflitos: algumas considerações sobre a existência brasileira, in *Tecnologia e Justiça Multiportas*, Coord. Luiz Fux, Henrique Ávila e Trícia Navarro Xavier Cabral, Indaiatuba, SP: Editora Foco, 2021 p. 8.

mediar, coletar e gerir informações de forma a levar em consideração o direito de privacidade, autonomia informacional, esquecimento, dentre outros direitos, no decorrer da aplicação do método alternativo de resolução de disputa.

Nessa medida, ao sopesar as vantagens e desvantagens acima descritas, o uso das plataformas online de solução de conflitos pode revelar-se uma ferramenta extremamente útil para solucionar conflitos entre credores e devedores. Em primeiro lugar porque as quantias em discussão muitas vezes não compensam os elevados custos para levar a cabo uma ação judicial perante o Poder Judiciário e são questões de mais simples resolução que podem ser solucionadas se as partes estiverem de boa-fé e demonstrarem o intuito de colaborarem mutuamente em busca de um desfecho consensual. Em segundo lugar porque essas plataformas são estruturadas de forma a permitir-se uma solução mais ágil para as desavenças e para a satisfação do crédito em questão, inclusive com o uso de programas de inteligência artificial que estabelecem filtros para a superação de etapas no curso da negociação. Com isso, evita-se a reconhecida morosidade do Poder Judiciário. Em terceiro lugar porque o uso das plataformas e dos recursos tecnológicos que lhe são inerentes propiciam a superação de barreiras geográficas que muitas vezes existem entre credor e devedor e aquelas decorrentes do distanciamento social geradas pela pandemia[15].

2.3. Fenômeno da insolvência empresarial. Uso de mediação e conciliação nos processos de Recuperação Judicial

Outro tema de grande atualidade que circunscreve essa discussão é a utilização dos métodos consensuais nos processos de Recuperação Judicial. Isso porque, com frequência, empresas devedoras entram em situação de insolvência, sobretudo em momentos como o presente, de crise na economia agravada pelos efeitos da pandemia do coronavírus, que justificam o uso da proteção que lhes confere a Lei nº 11.101/2005, desde que essas empresas demonstrem a sua viabilidade econômica e financeira. Com efeito, o uso da mediação e da conciliação vem sendo incentivado pelo legislador como forma de equacionar conflitos entre credores e empresas devedoras, e assim facilitar a mais ágil e efetiva recuperação de créditos frente a empresas em Recuperação Judicial.

---

15 Frise-se que o processo eletrônico e, mais recentemente, a previsão do Juízo 100% digital pelo CNJ tornaram-se ferramentas também importantes para lidar com os problemas decorrentes desse distanciamento geográfico e do distanciamento social.

Nos EUA, o Alternative Resolution Act, de 1998, determinou que todas as Cortes Federais Americanas deveriam autorizar as partes, por meio de suas respectivas leis locais, a uma das formas de resolução alternativa de conflitos em matéria de direito civil, incluindo casos submetidos às cortes de falência, e hoje o ADR possui papel de destaque e evidência no direito falimentar, podendo ser utilizado em plena compatibilidade com processos do Chapter 11[16].

Um caso de grande notoriedade de mediação em processos de falência, oriundo daquele país, envolveu o Lehman Brothers Inc, a maior falência da história, com passivo total de U$ 613 bilhões. Conforme descrevem Ronaldo Vasconcelos, César Augusto Martins Carnaúba e Thais D'Angelo da Silva Hanesaka:

> (...) o colapso dessa instituição financeira resultou em 75 procedimentos simultâneos em mais de 40 países devido as 18 subsidiárias do Lehman. Esse conflito multipartidário e internacional gerou diversos problemas de jurisdição e conflitos entre os estados. Dessa forma, para garantir que a companhia pudesse adequar todos os seus prejuízos, foi requerido que o Lehman pudesse realizar a mediação[17].

Ao comentarem os resultados dessa experiência, os autores salientam que:

> (...) em 2014, a Companhia conseguiu instaurar 245 procedimentos de mediação e, desses, apenas 13 terminaram sem chegar a um acordo. Esse procedimento possibilitou a resolução de conflitos com tempo muito menor e hábil a concluir o procedimento com um número menor de conflitos. No ano de 2016, a estatística era ainda mais positiva, de 495 casos resolvidos por meios alternativos de resolução de conflitos, resultando no retorno de mais de US$ 3 bilhões para a massa e 424 acordos firmados envolvendo 514 partes adversas[18].

---

16 O Chapter 11 é o procedimento que permite a reorganização de uma empresa nos EUA equivale ao pedido de recuperação judicial ao formulado aqui no Brasil.

17 VASCONCELOS, Ronaldo, CARNAÚBA, César Augusto Martins, HANESAKA, Thais D'Angelo da Silva, Mediação na Recuperação Judicial: paralelos com a evolução estrangeira, Mediation in Judicial Reorganization Proceedings: parallels with foreign Evolution, *Revista de Arbitragem e Mediação*, vol. 62/2019, pp.45-81 - Set/2019 DTR\2019\40054.

18 Idem.

No Brasil, a ausência de tratamento jurídico claro pela legislação fez com que essa prática se iniciasse mais tardiamente. A Lei nº 11.101/2005 de falências e recuperação judicial, agora alterada pela Lei nº 14.112/2020, silenciou acerca do uso dos métodos consensuais de solução de conflitos, em geral, e sobre a mediação, em particular. Todavia, após a edição da Resolução 125/2010 do CNJ, do CPC/2015 e da Lei nº 13.140/15, que prestigiaram o uso dos métodos consensuais de solução de conflitos, constituíram-se verdadeiros alicerces para o uso da mediação em processos de Recuperação Judicial. Nessa esteira, o Enunciado 45 da I Jornada de Prevenção e Solução Extrajudicial de Litígios, realizada em agosto de 2016, estabeleceu que:

> (...) a mediação e conciliação são compatíveis com a recuperação judicial, a extrajudicial e a falência do empresário e da sociedade empresária, bem como em casos de superendividamento, observadas as restrições legais.

Posteriormente, a Recomendação 58/2019 do CNJ estabeleceu orientação expressa aos juízes responsáveis pelo processamento e julgamento dos processos de recuperação e falências para que usem a mediação a fim de solucionar conflitos entre o empresário/sociedade e seus credores, fornecedores, sócios, acionistas e terceiros interessados no processo. Alguns dispositivos da Recomendação contêm regras importantes sobre a discussão central desse trabalho, como é aquela que consagra a necessidade de qualificação do mediador, afirmando que "o profissional deverá ter experiência em processos de insolvência e em negociações complexas com múltiplas partes". Da mesma forma, o artigo 3º, § 8º possui regra específica sobre o ônus de pagamento dos honorários do mediador, estipulando que nas mediações plurilaterais, isto é, aquelas que envolvem diversas partes, os honorários devem ser custeados pela empresa devedor. Por fim, o artigo 4º estabelece que:

> "A mediação poderá ser presencial ou on-line por meio de plataformas digitais, quando justificada a utilidade ou necessidade, especialmente nos casos em que haja elevado número de participantes e credores sediados no exterior, cabendo ao mediador ou ao Centro de Mediação prover os meios para a sua realização".

Por fim, a Lei nº 14.112/2020, proveniente do PL nº 10.220/2018, de iniciativa do Poder Executivo Federal (à época sob o Governo do Ex-Presidente Michel Temer), e responsável por promover uma alteração do regime jurídico aplicável à Recuperação Judicial e Falências, instituído pela Lei nº 11.101/2005, incluiu uma seção (seção II-A), destinada a regular as conciliações e mediações antecedentes ou incidentais aos processos de Recuperação Judicial. Nos termos do art. 20-A da Lei, "a conciliação e a mediação deverão ser incentivadas em qualquer grau de jurisdição, inclusive no âmbito de recursos em segundo grau de jurisdição e nos Tribunais Superiores, e não implicarão a suspensão dos prazos previstos nesta Lei, salvo se houver consenso entre as partes em sentido contrário ou determinação judicial". Após dispor sobre as hipóteses de cabimento do procedimento negocial (art. 20-B)[19], é prevista a indispensável homologação judicial de acordo que seja proveniente de mediação ou conciliação (art. 20-C).

Por sua vez, o art. 20-D estabelece que "as sessões de conciliação e de mediação de que trata esta Seção poderão ser realizadas por meio virtual, desde que o Cejusc do tribunal competente ou a câmara especializada responsável disponham de meios para a sua realização". Como se vê, a nova legislação condiciona a realização de sessões virtuais de conciliação ou mediação à existência de Centro Judiciário de Solução de Conflitos e da Cidadania (CEJUSC) no Tribunal Competente ou Câmara Especializada. O objetivo da Lei é adequar a estrutura dos Tribunais à realização desses procedimentos, seja por meio dos equipamentos eletrônicos compatíveis com as necessidades do procedimento, seja mediante a efetiva capacitação dos profissionais-facilitadores (mediadores e conciliadores). Nesse sentido, aliás, a Recomendação 71/2020 do CNJ dispõe sobre a criação do CEJUSC Empresarial para tratar de questões atinentes à matéria empresarial de qualquer natureza (inclusive em matéria de recuperação judicial). Nele são previstos procedimentos de ne gociação, conciliação ou mediação por via virtual por meios síncrono e assíncrono (art. 3º), a possibilidade de os procedimentos consensuais

19 *Art. 20-B. Serão admitidas conciliações e mediações antecedentes ou incidentais aos processos de recuperação judicial, notadamente:*
I - nas fases pré-processual e processual de disputas entre os sócios e acionistas de sociedade em dificuldade ou em recuperação judicial, bem como nos litígios que envolverem credores não sujeitos à recuperação judicial, nos termos dos §§ 3º e 4º do art. 49 desta Lei, ou credores extraconcursais;
II - em conflitos que envolverem concessionárias ou permissionárias de serviços públicos em recuperação judicial e órgãos reguladores ou entes públicos municipais, distritais, estaduais ou federais;
III - na hipótese de haver créditos extraconcursais contra empresas em recuperação judicial durante período de vigência de estado de calamidade pública, a fim de permitir a continuidade da prestação de serviços essenciais;
IV - na hipótese de negociação de dívidas e respectivas formas de pagamento entre a empresa em dificuldade e seus credores, em caráter antecedente ao ajuizamento de pedido de recuperação judicial.

serem realizados por Câmara Privada devidamente cadastrada nos respectivos Tribunais (art. 3º, parágrafo único) e a realização da primeira sessão de mediação/conciliação preferencialmente por videoconferência (art. 11).

Não obstante, para se adaptarem à Resolução nº 58/2019 do CNJ e ao momento de pandemia provocada pela COVID-19, muitos Tribunais do país tomaram a iniciativa de implementar medidas com o objetivo de fomentar a mediação em processos de Recuperação Judicial. É o caso do Tribunal de Justiça do Estado do Rio de Janeiro[20], que, por ato do seu Presidente, editou ato normativo criando o Regime Especial de Tratamento de Conflitos Relativos à Recuperação Judicial e Falências (RER), cuja finalidade é "disponibilizar a mediação nos processos judiciais e extrajudiciais nas disputas empresariais voltadas à renegociação prévia, à recuperação empresarial, judicial e extrajudicial e à falência das empresas atingidas pelo impacto da pandemia do Covid-19"[21].

Ao seu turno, o referido ato normativo previu regras expressas sobre a mediação virtual:

> Art. 5º. Para realização de atos virtuais por meio de videoconferência está assegurada a utilização da Plataforma e-NUPEMEC, nos termos do Acordo de Cooperação e nº 003/0708/2019, sem qualquer ônus para as partes e para o Tribunal, bem como da ferramenta Cisco Webex, disponibilizada pelo Conselho Nacional de Justiça, nos termos do Termo de Cooperação Técnica no 007/2020, ou outra ferramenta equivalente, cujos arquivos deverão ser disponibilizados no andamento processual respectivo, com acesso às partes e procuradores habilitados.
> Art. 6º. As sessões de mediação por videoconferência serão realizadas por mediadores judiciais cadastrados e em exercício regular no Tribunal de Justiça do Estado do Rio de Janeiro e nas Câmaras Privadas de Mediação Credenciadas junto a este NUPEMEC.

---

20 Iniciativas semelhantes foram adotadas em outros tribunais do país. É o caso da criação do CEJUSC Recuperação Judicial, no TJ/PR, cuja finalidade consistiu em prestar ajuda a empresas em situação econômico-financeira fragilizada em razão da pandemia provocada pelo novo coronavírus. Um dos objetivos é justamente de reunir as partes envolvidas em audiências de conciliação ou mediação para encontrar meios de consenso na renegociação de dívidas, compromissos relacionados à prioridade de pagamentos, entre outras questões. Informações disponíveis em matéria disponível no seguinte sítio eletrônico: https://www.conjur.com.br/2020-abr-26/empresas-pr-negociar-credores-modo-pre-judicial.

21 Dados extraídos do seguinte sitio eletrônico: http://www.tjrj.jus.br/noticias/noticia/-/visualizar conteudo/5111210/7328589

Logo, fica evidente que a mediação nos processos de Recuperação Judicial é, hoje, largamente respaldada pela legislação e pelos atos normativos editados por alguns tribunais do país, incrementando-se, dessa forma, as condições necessárias ao uso dessa ferramenta para solucionar conflitos decorrentes da Lei nº 11.101/2005 (com as alterações da Lei nº 14.112/2020).

Conforme amplamente divulgado nos canais de comunicação, a recuperação judicial da OI, até hoje, foi uma das maiores do Brasil e da América Latina, constituindo-se um verdadeiro leading case. Os números falam por si. Com dívida bruta de aproximadamente R$ 74 bilhões de reais, a empresa tida como referência no mercado de telecomunicações como uma das principais empresas do país e do mundo, apresentou pedido de recuperação no dia 20 de junho de 2016, perante a 7ª Vara Empresarial da Capital do Rio de Janeiro, com petição inicial instruída com 400 mil folha e uma relação de credores que oscilou entre 50 mil a 92 mil até as primeiras etapas do processo.

No decorrer no processo de Recuperação Judicial da OI, ao menos 6 (seis) procedimentos de mediação foram realizados: (i) credores com créditos até R$ 20 mil; (ii) liquidação de créditos ilíquidos; (iii) credores com impugnações judiciais e habilitações retardatárias; (iv) credores relevantes (acima de R$ 500 milhões); (v) credores com créditos até R$ 40 mil; (vi) OI e principais acionistas. Procurar-se-á, a seguir, abordar, sobretudo, a experiência com a mediação envolvendo a OI e os credores com créditos até R$ 20 mil.

O procedimento de mediação online foi utilizado mediante o uso de plataforma gerenciada pela FGV Projetos. O FGV |Programa para Acordo com Credores do Grupo Oi foi desenvolvido a partir de técnicas de Desenho de Sistemas, se utilizando de mecanismos facilitadores de solução de conflitos, tais como a negociação, a mediação e a conciliação, fazendo-se uso de ODR, sendo resultado de um processo de construção colaborativa.

O FGV | Programa para Acordo com Credores do Grupo Oi foi divulgado através de diversos canais - cadastro dos credores em uma Plataforma online, com acesso a uma proposta automatizada e personalizada. Caso tal proposta apresentada pela OI não fosse satisfatória, os credores solicitavam uma sessão de facilitação online ou compareciam em algum dos mais de 40 (quarenta) postos de atendimentos espalhados por todo o Brasil[22]. Em caso de acordo, a plataforma minutava o

22 Conforme descreve CESAR CURY, *"ao mesmo tempo, em nova frente de cooperação, foram disponibilizados espaços próprios nos demais tribunais, além daqueles providencia-*

acordo e, com a aprovação de todos, os valores eram pagos diretamente pela plataforma aos credores e os acordos encaminhados à homologação pelo juízo competente.

Todas as sessões virtuais de mediação foram realizadas dentro da Plataforma FGV, utilizando-se de todos os meios virtuais de comunicação (mensagens de texto, chat, áudio e videoconferência), por meio de sessões individuais com cada credor. Por determinação do Juízo da Recuperação Judicial, todos os mediadores eram cadastrados junto aos Tribunais das diversas localidades do Brasil. Mais de 1.300 (mil e trezentos) mediadores foram cadastrados no programa da FGV e 140 (cento e quarenta) mediadores tiveram participação efetiva.

Outra característica do Programa foi o uso de inteligência artificial, por meio do sistema *Business Inteligence* e de inteligência de geração por contexto, que permitiu produzir propostas e termos individualizados de modo automatizado aos credores (incluindo critérios como classe e valor do crédito). O uso de Inteligência Artificial também teve utilidade como ferramenta de análise das tendências de aceite do acordo em conformidade com todas as variáveis, dados e comportamentos dos credores na Plataforma[23].

dos e adequadamente preparados pela entidade responsável pelo gerenciamento do sistema, em ordem ao que determinam os artigos 198 e 199 do CPC/15. No total, quarenta postos de atendimento presencial foram instalados em igual número de cidades do país, contemplando todas as capitais, além de postos itinerantes". CURY Cesar, Um modelo transdisciplinar de solução de conflitos: Direito e Tecnologia no Processo de Recuperação Judicial no Leading Case OI S/A, In *Inteligência Artificial e Direito Processual: os impactos da virada tecnológica no direito processual*, Coord. Dierle Nunes, Paulo Henrique dos Santos Lucon, Erik Navarro Wolkart – Salvador, Ed. JusPovidm, 2020, p. 99.

23 Conforme descrito por CESAR CURY: *"A operação de um sistema concebido com Business Inteligence e Inteligência Artificial mostrou aptidão para o monitoramento ativo dos acordos, sendo capaz de produzir propostas e termos individualizados de modo totalmente automatizado com o uso de inteligência de geração por contexto. A estruturação de dados sob parâmetros de entrada predeterminados elimina a possibilidade de desvios interpretativos ou de incorreções e vieses, não olvidada a possibilidade de atendimento presencial complementar. Além disso, a autenticação por meio de certificação digital e o encaminhamento automático dos termos gerados para homologação judicial, confinados em sistemas online interligados, têm mantido elevado o grau de segurança accountability, atendendo assim aos critérios de interoperabilidade dos sistemas, serviços, dados e informações para que o juízo administrasse o exercício de suas funções, como exigido pelo artigo 194 do CPC/15. Da mesma forma, a restrição das comunicações ao ambiente exclusivamente digital, como a notificação aos credores e advogados por mensagens eletrônicas automatizadas, resulta em elevados indicadores de efetividade".* CURY Cesar, Um modelo transdisciplinar de solução, ob. cit., p. 100.

A participação do advogado no procedimento foi obrigatória naquelas demandas em que havia representação jurídica no processo judicial ou quando, por força de lei, havia a exigência de assessoria jurídica. Nas demais situações essa participação era facultativa.

Foi utilizada a equipe de TI da FGV Projetos com 20 (vinte) profissionais da equipe. Ao todo, foram mais de 61 mil credores cadastrados na Plataforma e mais de 42.000 (quarenta e dois mil) acordos assinados e validados.

As principais inovações do Programa sob a condução da FGV Projetos podem ser assim sintetizadas: a) aplicação de métodos adequados de solução de conflitos em processo de recuperação judicial; b) utilização de canal tecnológico síncrono e assíncrono com uso de técnicas de ODR com geração automatizada e personalizada dos casos; por fim, c) no desenho de Plataforma digital com extensão nacional e internacional, com atuação em todos os Estados brasileiros e outros países, sobretudo em Portugal onde havia um número representativo de credores.

Com base nessas premissas, conclui-se que, nos processos de insolvência, tanto a mediação como a conciliação podem se revelar instrumentos bastante eficazes para a negociação de créditos e assim evitar-se todo o transcurso dos procedimentos de habilitação e impugnação judicial até o trânsito em julgado da decisão definitiva que solucione esses incidentes. Para isso é recomendável não apenas a utilização de meios eletrônicos síncronos e assíncronos para viabilizar esses métodos consensuais – tal qual a experiência recente na Recuperação Judicial da OI, como também a implementação de desenhos de sistemas que se adequem às peculiaridades de cada caso.

3. Perspectivas para a elaboração de um desenho de sistemas para a resolução de conflitos decorrentes de relações entre credor-devedor

Como se pode apreender das análises acima, acerca da instabilidade econômica, ainda crescente no contexto de pandemia, e das tentativas de resolução mais eficiente dos conflitos relacionados à insolvência, a mediação possui um amplo espectro de utilização no que tange à solução dos conflitos entre credor e devedor.

Tal entendimento foi inclusive ratificado, já há algum tempo, pelo CNJ em sua recomendação nº 58, de 2019, no sentido de estimular que os magistrados responsáveis pelos processos de recuperação e falência promovam a utilização da mediação como forma de resolver conflitos entre a sociedade em recuperação, e seus credores, sócios, fornecedores, acionistas e quaisquer outros terceiros interessados.

No mesmo sentido o PL nº 6.229/05, transformado recentemente na Lei Ordinária nº 14112/2020, vem buscando atualizar a Lei nº 11.101/05, que regula a recuperação judicial, a extrajudicial e a falência do empresário e da sociedade empresária, trazendo normas específicas sobre a utilização da mediação em processos dessa natureza.

Apesar da grande potencialidade deste método, não se pode deixar de notar a necessidade de um amadurecimento prático, decorrente das experiências empíricas, tanto da mediação quanto dos mediadores, no que tange à sua adaptação e utilização para o cenário empresarial, em especial o da recuperação de crédito.

Como foi visto, a Lei de Mediação (13.140/2015) e a Resolução nº 125/2010 estabeleceram o marco legal da Mediação e instituíram, nessa oportunidade, um conjunto de regras necessárias para o contorno do mecanismo que se buscava implementar. Porém, com o tempo, esse método ganhou, e vem ganhando, novas proporções e contextos de utilização que extrapolam as previsões legais. Nesse sentido, torna-se extremamente relevante adotar uma visão flexível, sistêmica e adaptável para que a mediação possa ser, em toda a sua potencialidade, um método eficiente de resolução de disputas nos mais diversos ramos e mercados.

A definição de mediação aqui utilizada é aquela segundo o entendimento trazido pelo autor Diego Faleck no sentido de ser "um conceito mais amplo, permeado pelas técnicas modernas caracterizadoras da atividade de solução de controvérsias por um terceiro neutro"[24]. A mediação, nesses termos, é um fenômeno complexo que não pode ser considerado, nas palavras do autor supracitado, como um processo monolítico e predeterminado, mas sim um raio de processos que podem ser desenhados para atender as necessidades do caso particular. Dessa forma, podemos perceber que a figura que se quer explorar aqui se distancia, de certa forma, de um "mediador clássico", que delimita sua atuação conforme determinada "Escola de mediação", na medida em que é necessário agregar de forma mais robusta as técnicas de criação de consenso, design de sistemas, estratégia de persuasão e negociação, se utilizando, por exemplo, de reuniões ora unilaterais ora multilaterais, de forma a alcançar um acordo com ganhos mútuos, ou que satisfaça aos interesses de todos os envolvidos.

A ideia da construção de um desenho personalizado de facilitação de negociação para o cenário da insolvência empresarial parte do pressuposto de que o profissional neutro precisará lidar com conflitos que

---

24 FALECK, Diego. Manual de design de sistemas de disputas: criação de estratégias e processos eficazes para tratar conflitos. Ed. Lumen Juris, Rio de Janeiro, 2018. p. 114.

envolvem múltiplas partes e múltiplos assuntos. Nesses casos, o profissional deve fazer uma seleção de ferramentas que aprimore a troca de informações e que permita que credores e devedor concordem sobre a melhor maneira de superar a crise.

> O processo de recuperação judicial foge da clássica construção adversarial "credor x devedor" que, por muito tempo, serviu de substrato para a formulação de conceitos e institutos processuais. Mas ele não foge dessa construção apenas porque é multitudinário e, ao invés de dois interesses contrapostos, possui diversos feixes de interesses, muitas vezes apenas aparentemente contrapostos. A existência dessa diversidade de interesses leva à conclusão de que os objetivos da recuperação judicial devem visar à comunhão de interesses de todos os credores, bem como a manutenção das unidades produtivas – que não deixa de ser interesse da coletividade presente na recuperação judicial. Para lograr a comunhão de interesses é que o processo concursal conta com uma fase de negociação, cujo resultado esperado é o plano de recuperação. Por ser uma sequência de atos processuais destinados à negociação entre credores e recuperanda, é necessário aportar à análise deles todo o embasamento teórico da negociação enquanto método adequado de solução de controvérsias. Conceitos como "zona de acordo possível" e "criação de opções de ganho mútuo" devem ser trabalhados dentro desse momento do iter processual recuperacional.[25]

Nesse ponto, é válido elencar algumas hipóteses de aplicação do método durante o procedimento de Recuperação: a) a verificação do crédito, enquanto questão incidental (não confundida com a classificação do crédito, incompatível com a mediação vez que determinada legalmente), b) a negociação do plano de recuperação; c) a participação na consolidação substancial; e) a resolução de disputas entre acionistas que dificultam a construção do plano; f) aproximação dos credores não concursais para participarem da negociação, e desobstacularizar o andamento do processo; g) o estabelecimento de um critério claro para a avaliação dos bens, dentre outras possibilidades que podem vir a surgir.

Em todas essas situações, e nas demais que se possa imaginar, a mediação vem para ajudar a reduzir a assimetria de informações entre credores e devedor, além de proporcionar uma maior satisfação destes com o processo resolutivo, facilitando a aprovação do Plano (por exem-

25 CARNAÚBA, César; HANESAKA, Thais; VASCONCELOS, Ronaldo. Mediação na recuperação judicial: paralelos com a evolução estrangeira. Revista de Arbitragem e Mediação | vol. 62/2019 | pp. 45 - 81 | Jul - Set / 2019.

plo) e evitando a desvalorização dos ativos com o tempo. A função da mediação, nesse contexto, é exatamente a de potencializar a comunicação entre as partes, reunindo informações e minimizando divergências para a construção de um Plano de Recuperação mais palatável e factível para todos os envolvidos, dando voz e participação às partes que talvez não tivessem um espaço de influência significativo dentro das etapas judicialmente previstas.

A ideia é que a mediação ajude, como consequência, na redução da judicialização excessiva das discussões entre devedor/recuperando e credores, dando mais fluidez ao processo, e resolvendo questões incidentais que poderiam vir a impedir o melhor andamento do caso.

Também é importante ressaltar que existem regras legais claras e consolidadas dentro do processo de Recuperação, em especial para aprovação do Plano de Recuperação, as quais a Mediação não pretende mudar. Além disso, também não cabe à Mediação se esquivar da realidade do devedor e daquilo que pode ser de fato realizado e pago. Pelo contrário, para que a Mediação possa trazer todos os benefícios aos quais ela se propõe é essencial a criação de um espaço em que todos estejam confortáveis, inclusive financeiramente, para então expor seus interesses da maneira mais produtiva possível.

Em que pese a resistência natural e cultural a esse método, cabe ao mediador cuidar das expectativas das partes e ajudá-las a desenvolver as melhores estratégias para alcançar seus objetivos. Nesse ponto, é interessante importar alguns conceitos das áreas da Construção de Consensos e do Design de Sistemas, para que o procedimento seja de fato adequado à realidade da Recuperação Judicial e seus propósitos.

A operacionalização do processo consensual de resolução de disputas ainda é um desafio para a grande parte dos processualistas e requer, cada vez mais, estudos aprofundados que permitam a criação de uma resposta customizada a um determinado contexto. Esse aprofundamento se torna ainda mais necessário quando a disputa é multifacetada, com múltiplas partes e interesses, como é o caso das situações de insolvência empresarial.

Mais uma vez, se retoma a ideia de que é necessária uma remodelagem da prática da Mediação e sua conexão com outras ciências, tendo em vista que os marcos legais criados em 2010 e 2015 se preocupavam com uma padronização do método, que possibilitasse a sua replicação de forma abrangente, e com o controle da litigiosidade excessiva. Porém, insta destacar que a prática da mediação, enquanto facilitação de negociações, não está estritamente vinculada à aplicação da lei, podendo abranger outros campos, diferente da forma originalmente prescrita.

Como nos ensina Diego Faleck, parafraseando Carlos Alberto de Salles, "no atual momento de evolução da técnica processual, espera-se do processualista mais do que a simples aplicação do direito"[26].

Ainda segundo o primeiro autor:

> O importante aqui é destacar que os diferentes mecanismos processuais, com suas características e funcionalidades distintas, podem ser combinados, organizados, sequenciados, e até fundidos em figuras híbridas, que deem vida a novos mecanismos processuais ou arranjos procedimentos complexos. Essas formas não brotam espontaneamente.[27]

O que se quer destacar é: quando a disputa está inserida em uma conjuntura de alta complexidade, as particularidades dessa disputa podem, e devem, ser conectadas com características e funcionalidades oferecidas por mecanismos distintos. Essa reflexão permite a construção, por parte do mediador/designer/processualista, de um arranjo procedimental mais confortável, customizado e aceitável pelas partes que usufruirão dele.

A reflexão se trata exatamente de avaliar se existe, de fato, um sistema mais eficaz do que aquele existente, e quais as questões que impediriam o avanço dessa iniciativa. É uma análise das condições mínimas para que a empreitada possa render bons frutos. Verificada a existência de um sistema que possa melhor atender os interesses dos envolvidos e que se encaixe confortavelmente no procedimento, podemos avançar para os passos seguintes.

Atualmente, o cenário de pandemia e crise econômica tem acirrado as disputas entre credores e devedores, haja vista a redução da saúde financeira das empresas e a dificuldade de cumprimento/adimplemento das obrigações. O mau funcionamento das empresas causado pelo descumprimento de suas obrigações intensifica a judicialização das demandas, reduz os canais comunicativos e, por conseguinte, desacelera o movimento de superação da crise.

E o que muitos estudiosos vêm apontando é que, nesse momento de encadeamento de divergências entre credores e devedor em crise, a empresa necessita de um espaço de respiro para que possa tomar deci-

26 FALECK, Diego. Manual de design de sistemas de disputas: criação de estratégias e processos eficazes para tratar conflitos. Ed. Lumen Juris, Rio de Janeiro, 2018.

27 op.cit. p. 19

sões mais acertadas e organizar seus recursos de modo a destiná-los e investi-los de forma mais produtiva.

A compreensão da realidade e a facilitação das negociações justificam as iniciativas procedimentais que buscam reduzir as ações decorrentes da insolvência e preservar o Poder Judiciário. Além disso, a organização do canal comunicativo, com a investigação estruturada das informações dos diversos grupos focais, torna a aprovação do Plano de Recuperação, por exemplo, dentre a criação de outros espaços de consenso, mais eficiente. Por isso, a criação de um sistema de facilitação das negociações certamente é implementável e aprimora a situação dos envolvidos.

Superada a justificativa da iniciativa, passa-se para uma observação do aspecto prático da escolha do mediador dentro do processo da Recuperação Judicial. Isso porque, como já aventado acima, esse profissional precisa não só de conhecimentos práticos e teóricos em negociação e resolução de disputas, como também é imprescindível a existência de uma relação de confiança entre as partes e o neutro. Destaca-se que essa relação deve se dar de forma diferenciada da relação que as partes têm com o Administrador Judicial, que é a figura de confiança do juiz dentro desse processo.

Nesse ponto, é interessante destacar que o trabalho do mediador e do AJ dialogam, porém não se misturam. Tanto nos termos do projeto de Lei nº 6.229/05 quanto na recomendação 58 do CNJ, o administrador judicial tem como dever o estímulo da Mediação, e isso tem se mostrado como um importante canal para a realização prática das negociações facilitadas.

O AJ é então a figura de confiança do juízo que irá verificar a qualidade e veracidade das informações e testar a viabilidade dos créditos. Já o mediador é a figura de confiança das partes que irá estruturar a negociação, colhendo informações sensíveis, usando da confidencialidade para checar a realidade, criar opções que gerem valor para as partes, gerenciar as expectativas, manejar os múltiplos equilíbrios, inclusive de terceiros que possam interferir, para que seja alcançado um acordo sustentável no tempo.

Assim, no que tange à escolha do mediador, observa-se que uma boa prática que pode trazer maior legitimidade para a Mediação, quando na Recuperação Judicial, é a indicação de lista tríplice pelas partes, para a então designação realizada pelo juiz que poderia, por exemplo, realizar uma audiência para viabilizar a escolha. Isso porque a própria Lei de Mediação é bastante rigorosa em relação à designação do Mediador e aos seus impedimentos, tornando esse procedimento por vezes mais burocrático e distante da sua finalidade, qual seja, a escolha de um profissional no qual as partes confiam.

O que se quer destacar é que quanto maior for a independência do Mediador, e o distanciamento entre ele e a figura do juiz, mais confiança ele estabelece com as partes e maior a sua abertura para o recolhimento de informações sensíveis e relevantes. Para esse fim, corrobora o respeito ao princípio da transparência com a implementação de um devido processo de nomeação.

Em seguida, cabe ao mediador pensar sobre o desenho procedimental mais adequado para aquele caso concreto através de um sequenciamento de mecanismos que se coadunam com os objetivos das partes. Para isso, o primeiro movimento é um mapeamento do conflito e coleta de informações das partes envolvidas, momento este que alguns autores[28] chamam de "diagnóstico", o que pode ser iniciado, por exemplo, por uma entrevista com o Administrador Judicial.

Dentro da etapa do diagnóstico, temos a importante tarefa de delimitar as partes que serão afetadas pelo procedimento consensual. No cenário da Recuperação Judicial, um ponto relevante é a possibilidade de chamada, para integrarem as negociações, não só os credores com créditos classificáveis, mas também dos chamados credores não concursais, que não estão sujeitos ao concurso de credores, como por exemplo os créditos com garantia fiduciária e de origem fiscal. A Mediação, nesse ponto, maximiza a oitiva de todos e proporciona um processo em que as múltiplas partes sejam consideradas.

Nesse sentido, dar voz aos credores concursais e também aos que, inicialmente não participariam propriamente das classificações legais e negociações, pode ser uma importante estratégia para reduzir as ações judiciais individuais que esvaziam o patrimônio da Recuperanda, e para evitar a formação de "coalizões bloqueadoras". Chamar as partes inicialmente não envolvidas pode superar expectativas e revelar informações cruciais para auxiliar na negociação na medida em que contribuem para o esclarecimento do cenário real de disponibilidade financeira da devedora e permitem a criação de opções de pagamento que, eventualmente, satisfaçam mais credores com o mesmo recurso ou esforço da recuperanda.

Assim, ao invés de criarem obstáculos aos demais credores, essas partes podem ser ouvidas e agregadas ao Plano permitindo uma melhor

28 Como por exemplo: FALECK, Diego. Manual de design de sistemas de disputas: criação de estratégias e processos eficazes para tratar conflitos. Ed. Lumen Juris, Rio de Janeiro, 2018.

distribuição e fluidez dos débitos do devedor. Em resumo, a identificação das partes e de seus interesses cria coalizões de apoio, redes de informações facilitadoras, o que proporciona condições favoráveis para a construção de um Plano sustentável.

Além disso, não se pode negar que a oitiva dos credores, de forma a considerar suas preocupações e insatisfações, enfraquece a intuitiva alternativa de buscar garantir por outras vias a satisfação do seu crédito, como por execuções judiciais, que tanto causam entraves ao procedimento de recuperação da saúde financeira da empresa devedora.

Dessa forma, nessa etapa de diagnóstico, é importante que o mediador realize um estudo prévio das informações do caso, eventualmente junto ao AJ, para então começar a decidir como serão as reuniões, quem serão os participantes, como estes serão ouvidos, qual o espaço físico adequado, duração esperada do procedimento, recursos humanos e tecnológicos necessários, etc, e assim poder apresentar à Recuperanda um procedimento que esteja de acordo com as possibilidades financeiras disponíveis. A partir de então, é possível realizar a construção e implementação de um sistema legítimo e atendo à justiça procedimental.

Daí em diante, é importante que o mediador entre em contato com os advogados das partes e que alinhe a participação de todos para que o protagonismo dos credores e devedor seja preservado. Além disso, é interessante pensar sobre a possibilidade de realização inicial de reuniões em separado, com cada classe de credores, para que se possa aprofundar nos reais interesses e preocupações de cada um, sem nenhum constrangimento ou pressão. Outra boa prática é a elaboração de algumas perguntas homogêneas que, quando levadas aos grupos de interesses, mantenham todas as conversas caminhando em um mesmo sentido.

No momento das reuniões, cabe ao mediador potencializar as estratégias negociais de cada parte, esclarecer dúvidas, afastar pontos de desconfiança e colher o máximo de informações possíveis.

Uma vez colhidas as informações e compreendidas as peculiaridades de cada credor, observando os pontos de confidencialidade, cabe ao mediador repassar cuidadosamente, com um olhar estratégico e uso de molduras adequadas, essas informações, e eventuais insatisfações, para o devedor/recuperando para que ele possa agregar essas preocupações na elaboração de um Plano de Recuperação conectado com as necessidades dos credores. É nesse sentido que a Mediação tem grande valia no procedimento de aprovação do Plano, na medida em que permite ao devedor desenvolver soluções mais coerentes, factíveis e que gerem mais valor.

Percebe-se nesse ponto que além de ouvinte, persuasivo e estrategista, habilidades chamadas por Lax e Sebenius de 1-D[29], o Mediador precisa aperfeiçoar habilidades relativas às negociações multipartes e complexas. Ensinam os autores supracitados, em sua tese sobre negociação 3-D, que são necessárias qualidades de designer de acordo (2-D), como o domínio de estratégias para criação de valor, e também de sequenciamento de movimentos (3-D) para que as partes possam se relacionar de forma a tomar iniciativas que possibilitem o objetivo principal de todos, qual seja, no caso em questão neste trabalho, o adimplemento das obrigações recuperacionais.

O que se quer destacar é que, diante dos novos contextos que se apresentam para a Mediação, espera-se dos profissionais conhecimentos que extrapolam as técnicas utilizadas em negociações bilaterais. O "estilo" de Mediação que o ordenamento jurídico brasileiro regulou e buscou replicar está sendo modificado pelas demandas do mercado, que cada vez mais requerem outros enfoques e linhas de formação. O que se observa é uma busca por profissionais mais ativos em suas intervenções, não para dar o resultado para as partes, mas para efetivamente facilitar as negociações e ajudar as partes a tomarem decisões melhores.

Como dito no início deste capítulo, o que muitos autores vêm apontando é que a empresa em situação de crise precisa de um "respiro", de novos olhares e perspectivas para tomar decisões melhores, alocar de maneira mais inteligente seus recursos e organizar o cumprimento de suas obrigações. E é nesse momento que a Mediação se apresenta como uma excelente ferramenta. Segundo Howard Raiffa[30], a tomada de decisão dentro de um processo de negociação deve ter uma orientação prescritiva, ou seja, o que um grupo de indivíduos, cheios de vieses cognitivos e diferentes perspectivas sobre um mesmo conflito, podem fazer para decidir melhor. E o papel do mediador, facilitador e criador de consenso é exatamente o de levar as partes para o melhor cenário racional possível.

Desafios

Ao olhar para frente, ainda se encontram alguns desafios a serem enfrentados pelo profissional de resolução de disputas no que tange à

29 LAX, David; SEBENIUS, James K.. 3D Negotiation - Powerful tools to change the game in most importante deals. Cambridge, Ma: Harvard Business School Press, 2006.

30 RAIFFA, Howard; RICHARDSON, John; METCALFE, David. Negotiation Analysis: the science and art of collaborative decision making. Harvard University Press, 2002.

criação de arranjos para os conflitos decorrentes de relações entre credor e devedor. Isso porque a utilização da Mediação precisa se legitimar como uma prática estruturada e atenta às particularidades desse tipo de conflito.

Não se pode deixar de falar no desafio da mudança cultural para o paradigma da adequação, que ainda precisa ser plenamente instaurada no direito brasileiro. O desconhecimento ou despreparo dos profissionais do Direito em relação aos diversos mecanismos de resolução de conflitos é negativamente significativo. Apesar da imensa carga acadêmica e doutrinária em prol desses métodos, na prática, ainda são poucos os casos relevantes que adotam ferramentas de facilitação de negociações e construção de consenso.

Outro desafio importante, especificamente relacionado ao cenário da Recuperação Judicial, é o gerenciamento de expectativas dos credores. Isso porque, uma vez iniciadas as tratativas para a construção de um desenho procedimental para potencializar as negociações, é fácil para os credores se tornarem excessivamente otimistas em relação aos resultados. Por isso, é mister que o mediador atue com transparência e veracidade para com os credores, realizando testes de realidade, gestão de expectativas, retomando as possibilidades financeiras da devedora, e estimulando reflexões sobre opções de pagamento, possibilidade de flexibilização de prazos, para que, por exemplo, eventualmente possam ser satisfeitas mais de uma obrigação com os mesmos recursos e esforços da recuperanda.

Alguns professores e autores também têm apontado como desafio a criação de um modelo que possa ser replicado em procedimentos recuperacionais de pequeno e médio porte. Isto é, ainda é necessário explorar a possibilidade de se criar um desenho com uma relação custo x benefício mais acessível a empresas menores, e, além disso, cristalizar um modelo que possa ser replicado em casos mais simples, barateando os custos de personalização.

Mesmo com esses e outros desafios que surgem diariamente na prática, é inegável que a aproximação entre a Mediação e a Recuperação Judicial é cada vez maior no Brasil. Como foi dito, é esperado dos profissionais que atuam na resolução de disputas um desempenho com base na adequação, que vá além do direito positivo. E dentro do contexto dos conflitos entre credor e devedor, é cada vez maior o anseio por propostas criativas, que efetivamente facilitem a negociação e a aproximação das partes do objetivo comum, explorando as opções e potencialidades de cada caso, permitindo que as sociedades empresárias envolvidas reestabeleçam a saúde financeira da melhor forma possível com o uso dos recursos disponíveis.

Referências bibliográficas

ALMEIDA, Tania. Mediação e Conciliação: dois paradigmas distintos, duas práticas diversas. In: Mediação de conflitos: novo paradigma de acesso à Justiça. CASELLA, Paulo Borba; SOUZA, Luciane Moessa de. (Coord.). Belo Horizonte: Fórum, 2019.

AMSLER, Lisa. MARTINEZ, Janet. SMITH. Stephanie. Dispute system design. Preventing, managing and resolving conflict. Stanford, CA: Stanford University Press, 2020.

BECHARA, Guilherme; CAVALLI, Cássio; FALECK, Diego; MENDES, Luis Claudio; PALMA, Andrea. [Transmitido ao vivo em 9 de dez. de 2020] Mediação e Recuperação Judicial. [WEBINAR] por IBRADEMP. Disponível em https://www.youtub e.com/watch?v=T3lhsPql6Fw Acesso em 19/04/2021.

BONATELLI, Luiz Henrique; CARNIO, Daniel; FALECK, Diego; JAPUR, João Paulo; VEIGA, Antonio Zoldan da. [15 de jul. de 2020] Prevenção à Insolvência e Mediação Empresarial. [WEBINAR] por Brizola e Japur Administração Judicial. Disponível em: https://www.youtube.com/watch?v=WdkkMzYI_6o Acesso em 19/04/2021.

BRASIL, Enunciado nº 45 aprovado na I Jornada de Prevenção e Solução Extrajudicial de Litígios.

BRASIL, Recomendação 58 do CNJ.

CARNAÚBA, César; HANESAKA, Thais; VASCONCELOS, Ronaldo. Mediação na recuperação judicial: paralelos com a evolução estrangeira. Revista de Arbitragem e Mediação | vol. 62/2019 | pp.45 - 81 | Jul - Set / 2019

CHATEAUBRIAND, André; FALECK. Diego; MORONI, Ana Beatriz. [Transmitido ao vivo em 23 de set. de 2020] Quarta Online - Série Emendas do PL - Mediação e o Administrador Judicial. [WEBINAR] por TMA BRASIL. Disponível em: https://www.youtube.com /watch?v=6tTeS9Ao3Rg&t=2754s Acesso em 19/04/2021

CURY Cesar, Um modelo transdisciplinar de solução de conflitos: Direito e Tecnologia no Processo de Recuperação Judicial no Leading Case OI S/A, In Inteligência Artificial e Direito Processual: os impactos da virada tecnológica no direito processual, Coord. Dierle Nunes, Paulo Henrique dos Santos Lucon, Erik Navarro Wolkart – Salvador, Ed. JusPovidm, 2020.

DALLA, Humberto, Mediação online em tempos de virtualização forçada das ferramentas de resolução de conflitos: algumas considerações sobre a existência brasileira, in Tecnologia e Justiça Multiportas, Coord. Luiz Fux, Henrique Ávila e Trícia Navarro Xavier Cabral, Indaiatuba, SP: Editora Foco, 2021.

FALECK, Diego. Manual de design de sistemas de disputas: criação de estratégias e processos eficazes para tratar conflitos. Lumen Juris, Rio de Janeiro, 2018.

FALECK, Diego. Mediação Empresarial: introdução e aspectos práticos. Revista de Arbitragem e Mediação. Vol. 42/2014. Jul-set/2014. P. 263.

GRECO, Leonardo. Instituições de processo civil. 5ª edição. Rio de Janeiro: Forense, 2015, vol. I.

LAX, David; SEBENIUS, James K. 3D Negotiation - Powerful tools to change the game in most importante deals. Cambridge, Ma: Harvard Business School Press, 2006.

MARTINEZ, Janet. SMITH. Stephanie. An analytic framework for dispute systems design. Harvard Negotiation Law Review 123, 2009.

PAIVA, Luiz Fernando. FALECK, Diego. Conversa com o Presidente | Ep.02 - Mediação. Luiz Fernando Paiva conversa com o Exmo. Paulo Furtado, Juiz da 2ª Vara de Falência e Recuperação Judicial de São Paulo, e Diego Faleck, Sócio do escritório Faleck & Associados, sobre Mediação nos Processos de Recuperação Judicial. TMA BRASIL. Gravado em 06/03/2020. [PODCAST]. Disponível em: https://anchor.fm/tmabrasil/epis odes/Conversa-com-o-Presidente--Ep-02--Mediao-efljnf Acesso em 19/04/2021

RAIFFA, Howard; RICHARDSON, John; METCALFE, David. Negotiation Analysis: the science and art of collaborative decision making. Harvard University Press, 2002.

ROSA, Alexandre Morais/GUASQUE, Bárbara, Reflexos da judicialização do mercado de crédito em tempos de pandemia, Opinión Jurídica, 19(40), Edición especial 2020, pp. 579-593.

SALOMÃO, Luís Felipe, Cadernos FGV Projetos, abril/maio 2017, ano 12, nº 30.

SCALZILLI, João Pedro; SPINELI, Luis Felipe; TELLECHEA, Rodrigo. Pandemia, Crise Econômica e Lei de Insolvência. Editora Buqui, 2020. Disponível em: https://www.pucrs.br/direito/wp-content/uploads/sites/11/2020/06/2020_06_22-direito-covid-19-ppgd-artigos_e_ensaios-pandemia_crise_economica_e_lei_de_insolvencia.pdf Acesso em 19/04/2021.

SUSSKIND, Richard, Online courts and the future of justice, Oxford University Press, Oxford, United Kingdom, 2019.yy

VASCONCELOS, Ronaldo, CARNAÚBA, César Augusto Martins, HANESAKA, Thais D'Angelo da Silva, Mediação na Recuperação Judicial: paralelos com a evolução estrangeira, Mediation in Judicial Reorganization Proceedings: parallels with foreign Evolution, Revista de Arbitragem e Mediação, vol. 62/2019, pp.45-81 - Set/2019.

WATANABE, Kazuo, Cadernos FGV Projetos, abril/maio 2017, ano 12, nº 30.

WERNECK, Isadora, Online Dispute Resolution (ODR) e a (des)necessidade de formulação de reclamação prévia dos consumidores junto às plataformas virtuais para a configuração do interesse de agir, In Inteligência Artificial e Direito Processual: os impactos da virada tecnológica no direito processual, Coord. Dierle Nunes, Paulo Henrique dos Santos Lucon, Erik Navarro Wolkart - Salvador, Ed. JusPovidm, 2020.

CRÍTICAS – ALGUMAS CONSTRUTIVAS E OUTRAS NEM TANTO – À DESJUDICIALIZAÇÃO DA EXECUÇÃO CIVIL

Hugo Filardi[1]

Sumário: 1. Qual o remédio para a crise do Judiciário? Diminuir o Poder Judiciário? **2.** O Papai Noel está sobrecarregado com a entrega de presentes no Natal? **3.** Inconstitucionalidades em profusão. Agente da Execução Hércules? **4.** Considerações finais.

1. Qual o remédio para a crise do Judiciário? Diminuir o Poder Judiciário?

Não, a resposta é não já para o leitor que não gosta de texto e adora um título "lacrador". Aviso de antemão aos leitores que gostam de soluções fáceis e importadas sem qualquer avaliação de risco ou estudos de impactos de rupturas legislativas graves que não percam tempo com o presente ensaio. Aqui nossas bandeiras serão sempre a da (i) valorização do Estado como determinante centro de difusão de serviços públicos, (ii) do empoderamento dos Juízes como gerenciadores da prestação efetiva da tutela jurisdicional, (iii) do aproveitamento do aparelho estatal já alocado e em especial do Oficiais de Justiça como verdadeiros agentes da execução e (iv) busca incessante pelo respeito ao jurisdicionado na entrega de serviços jurídicos de qualidade.

Que o Poder Judiciário pode aumentar seu nível de assertividade na efetivação de direitos, creio que todos nós jurisdicionados concordemos. O ponto de discordância é sem sombra de dúvidas qual será o papel do Estado Juiz pelos próximos anos e até décadas na efetiva entrega da tutela jurisdicional de mérito e sua garantia de satisfação. Sem sombra de dúvidas a terceirização de um espaço tão expressivo da esteira processual quanto a fase de cumprimento de sentença ou a execução forçada de títulos executivos extrajudiciais aos cartórios de protesto agravarão ainda mais a percepção do jurisdicionado comum de inefetividade do Poder Judiciário.

Retirar do Poder Judiciário a prerrogativa de cumprir seus próprios julgados ou de satisfazer títulos executivos extrajudiciais não foi

---

1 Doutor e Mestre em Direito pela PUCSP. Bacharel em direito pela Faculdade Nacional de Direito/UFRJ. Advogado e Professor de Direito Processual Civil na Faculdade Nacional de Direito/UFRJ. (filardi@siqueiracastro.com.br)

o caminho escolhido pela Reforma do Poder Judiciário introduzida pela Emenda Constitucional número 45, jamais esteve na pauta de debates no II Pacto Republicano[2] e nunca foi cogitada nas frequentes reformas legislativas processuais das ultimas duas décadas. Vejam que nem mesmo na valorização do instituto da arbitragem como método alternativo de resolução de litígios estimulado pelo Código de Processo Civil de 2015 há a previsão de execução fora do Judiciário.

Verifica-se que nem mesmo em Emendas Constitucionais e em pacotes legislativos robustos e recentes com impacto no funcionamento do Judiciário houve qualquer ensaio em delegar a atividade de execução a qualquer agente não convencional e absolutamente fora a estrutura de Juízos Naturais. Por mais antipáticas que possam parecer minhas considerações e a despeito do *frenesi* doutrinário em favor da delegação da execução aos cartórios de protesto, o Projeto de Lei nº 6402/19 não me parece uma solução compatível com o modelo constitucional de processo e um tanto açodada considerando os ajustes legislativos na execução constantes no Código de Processo Civil de 2015.

Logicamente nada contra o apoio dos cartórios de protesto. Inclusive, o próprio Código de Processo Civil de 2015 previu papel aos cartórios dentro do acervo de medidas coercitivas possíveis para satisfação de um direito de crédito. Contudo, o que não podemos anuir é com uma solução artificial que não leva em consideração o conceito de acesso à ordem jurídica justa e que afasta o jurisdicionado do Poder Judiciário.

O Poder Judiciário ocupa papel de destaque na defesa dos direitos fundamentais e na entrega de cidadania aos jurisdicionados. Sua estrutura estatal deve sim ser fortalecida à medida que a sociedade civil encontra no Judiciário um ambiente garantista e democrático para a aplicação da vontade da lei aos casos concretos. O acesso à ordem jurídica justa previu um Poder Judiciário de portas abertas para as questões da sociedade civil. Fechar essas portas pelo caminho de sonegar do Judiciário a efetivação de títulos executivos é o mesmo que afastá-lo de seu destinatário natural e permitir que uma tutela tipicamente jurisdicional seja "prestada" sem qualquer compromisso com o modelo constitucional de processo.

2 Em 2009, os Chefes dos Três Poderes assinaram, em 13 de abril, o II Pacto Republicano estabelecendo como objetivos (i) o acesso à justiça, em especial aos mais necessitados, (ii) aprimoramento da atividade jurisdicional e (iii) fortalecimento das instituições do Estado.

2. O Papai Noel está sobrecarregado com a entrega de presentes no Natal?

Imaginemos as seguintes situações bem didáticas e não tão acadêmicas assim: (i) o centroavante de seu time se acomoda em não entregar os prometidos e aguardados gols. A solução seria sugerir que o gerente de TI do Clube assuma a camisa 09 para acabar com o jejum de gols? (ii) o seu prédio passa por um incêndio e você aciona o Corpo de Bombeiros. O que você acharia se a resposta da corporação fosse no sentido de que o próprio zelador do prédio tente apagar o incêndio com baldes de água? (iii) o Papai Noel fica sobrecarregado no final de ano, certo? O que você faria se o bom velhinho começasse a terceirizar seu trabalho de entrega de brinquedos no Natal para o Coelhinho da Páscoa ou para a infalível dupla São Cosme e São Damião?

O tão almejado *processo civil de resultados*[3] não se conquista com fantasias legislativas, mas com aparelhamento adequado da máquina judiciária, uma cultura jurídica de gerenciamento massivos de casos de execução pelos Juízes e investimento de condições de trabalho mais modernas para Oficiais de Justiça e serventuários de cartórios judiciais. Afastar o jurisdicionado do Poder Judiciário seria o mesmo que ferir de morte a incidência do princípio do acesso à justiça do Estado de Direito.

Para LEONARDO GRECO[4], se o Estado não alocar os recursos necessários a todos os serviços essenciais ao acesso ao direito, não haverá acesso à justiça. Na opinião do autor "[...] será necessário resolver os problemas da quantidade excessiva de processos e da morosidade e ao mesmo tempo assegurar a todas as causas os meios de que cada uma delas precisa para alcançar uma justiça eficaz na tutela dos direitos de todos, sem sacrificar as necessidades dos outros serviços essenciais. Sem acesso à justiça, não há acesso ao direito, mas este possui outros pressupostos indispensáveis que o acesso à justiça, por si só, não assegura. Uma justiça acessível, eficiente, rápida e de boa qualidade é exigência de todos os instrumentos internacionais de direitos humanos, em pé de igualdade com todos os demais direitos fundamentais".

O Poder Judiciário já tem uma estrutura quase milenar alocada para atender seus jurisdicionados, houve recentemente uma série de

3 Dinamarco, Cândido Rangel. *Fundamentos do Processo Civil Moderno*, Tomo II, 4ª Edição, Malheiros Editores, São Paulo, p. 733.

4 Greco, Leonardo. Novas perspectivas da efetividade e do garantismo processual. In: SOUZA, Márcia Cristina Xavier de; RODRIGUES, Walter dos Santos (Coord.). *O novo Código de Processo Civil*. O projeto do CPC e o desafio das garantias fundamentais. Rio de Janeiro: Campus Jurídico - Elsevier, 2013, pp. 10-11.

reformas processuais que visaram dotar os Juízes de cada vez mais poderes para dar efetividades aos títulos executivos e à controlabilidade pelo CNJ de metas objetivas para a atividade jurisdicional começa a surtir uma sensação de melhora no binômio eficiência-tempo junto à sociedade civil. Por que rasgar toda essa curva de aprendizados e melhorias, descartar um ambiente de democracia processual e delegar a parte mais impactante para os jurisdicionados para cartórios de protesto que não possuem estrutura sequer compatível com a existente e sabida ineficiente do Poder Judiciário?

Seria uma estratégia para esvaziar a importância do Poder Judiciário? Por que não começar uma tentativa de desobstruir as vias do Poder Judiciário com a criação de uma solução efetiva para as sobreposições entre contencioso administrativo e judicial nas demandas fiscais envolvendo a Fazenda Pública? Ou por que não permitir a execução de julgados como teste pelos Juízos arbitrais com uma simples alteração legislativa na Lei nº 9.307/96?

Todas essas questões precisam ser enfrentadas à luz do modelo constitucional de processo e as respostas indicam pela não aprovação do malfadado projeto de Lei n. 6204/09 por manifesta incompatibilidade com a Constituição da República Federativa do Brasil e com o núcleo de princípios que positivados presente no Código de Processo Civil.

3. Inconstitucionalidades em profusão. Agente da Execução Hércules?

Precisamos mesmo que uma nova lei para regular as execuções civis? É louvável a intenção do Poder Legislativo em resolver determinadas questões tormentosas da vida em sociedade pela força das leis, mas não se pode superdimensionar a capacidade resolutiva e assecuratória das normas.

Esse ponto foi abordado por JOSÉ CARLOS BARBOSA MOREIRA[5] em artigo redigido em 2000, mas seu teor é atemporal: "Tenho criticado mais de uma vez o erro dos que desdenham por questões de princípio reformas legislativas, entendendo que nada adianta modificar a norma. Se assim fosse, do mesmo jeito que não nos daria motivo de alegria a adoção de reforma boa, não precisaríamos preocupar-nos ante a ameaça de reforma ruim: tanto uma como outra deixariam as coisas exatamente onde estavam. Agora, no entanto, desejo equilibrar os pratos da balança,

---

5 Barbosa Moreira, José Carlos. O futuro da justiça: alguns mitos. *Temas de Direito Processual*. Oitava Série. Rio de Janeiro: Forense, 2004, pp. 10-11.

denunciando o erro oposto: a crença simplista de que, alterando a redação de um artigo ou introduzindo-lhe novo parágrafo, se pode dar como solucionado um problema da vida jurídica. A norma, vale sublinhar, nem é impotente, nem onipotente. Estou convencido de que a ânsia de modificar incessantemente a lei – tão sensível, nos últimos anos, no campo processual – cresce na razão inversa de nossa disposição para pesquisar a realidade com critérios técnicos. Terá algo de uma tentativa, consciente ou não, de supercompensar um déficit – mecanismo familiar à psicanálise. É bem conhecido nosso desamor pelas estatísticas judiciais. As que existem e merecem crédito, ou são insuficientes, ou insuficiente é a respectiva divulgação, como o é a facilidade de acesso a elas. Tal carência responde por uma série de inconvenientes, que me permito distribuir em duas classes: os anteriores e os posteriores à edição da norma. Antes de reformar a lei processual (*rectius*: qualquer lei), mandam a lógica e o bom senso que se proceda ao diagnóstico, tão exato quanto possível, dos males que se quer combater a das causas que os geram ou alimentam. Nenhum médico digno desse nome prescreve remédios e tratamentos sem inteirar-se de que mal padece o doente, e por quê. Se o nosso intuito, *v.g.*, é o de acelerar a máquina da Justiça, necessitamos saber quais as peças que estão rendendo menos, e como penetra no mecanismo a areia que as desgasta. Sem essa prévia verificação nenhum critério sólido teremos para empreender o trabalho da reforma".

Nos últimos anos, o Estado tem investido em alterações legislativas para dar maior potencialidade ao Poder Judiciário. Todavia, esquece-se que simples alteração legislativa, por si só, não consegue resolver problema algum no campo dos fatos se não vier acompanhada de ferramentas para que os aplicadores do direito possam extrair a efetividade máxima das normas jurídicas.

Evidentemente que a compatibilização das regras processuais ao texto constitucional terá um resultado mais rápido e eficaz se estiver atrelada a uma correta conscientização dos jurisdicionados sobre seus direitos e ao investimento nas condições de trabalho de juízes e serventuários da Justiça. Administrar a Justiça de hoje sem a utilização de mecanismos de gerenciamentos de processos e sem a definição de técnicas cartorárias para processamentos racional dos feitos é tarefa impossível.

A boa vontade do legislador precisa estar acompanhada da valorização dos serventuários da Justiça, seja com treinamentos específicos para atendimento ao público, seja com capacitação para utilização de meios tecnológicos para encurtamento da tramitação processual, tudo isso sem perder o diálogo humano com os jurisdicionados.

Não obstante não seja tecnicamente correto falar em inconstitucionalidades em projetos de Lei, o papel desse ensaio é trazer à tona os prejuízos efetivos que poderão ser gerados ao modelo constitucional de processo e aos jurisdicionados com essa injustificável "opção legislativa". Apenas para posicionar o leitor, o projeto de Lei nº 6204/19 está na CCJ - Comissão de Constituição, Justiça e Cidadania - desde de maio de 2020 aguardando designação de novo relator.

A ementa do projeto de Lei dispõe que pretende "atribuir ao tabelião de protesto o exercício das funções de agente de execução[6]". Em nosso sentir, está justamente aí o elemento potencializador das possíveis inconstitucionalidades em profusão que poderão decorrer de uma improvável sanção do projeto de Lei nº 6204/19: a criação de uma figura com poderes de Hércules, o agente de execução.

Se no campo do processo civil democrático se debate a necessidade da substituição do Juiz Hércules - aquele que possui poderes não compreensíveis pelos humano e que se impõe pela força - pelo Juiz Hermes - Deus Greco da comunicação -, não será no foro de exceção de um tabelionato que deveremos ter um agente com poderes quase inquestionáveis conduzindo demandas executivas.

A efetivação de títulos executivos possui, no âmbito processual, amarras atreladas ao princípio do devido processo legal e da menor onerosidade possível para o devedor. O projeto de Lei nº 6204/19 pretende criar na figura do agente de execução uma espécie de monstro mitológico não sujeito aos controles necessários que magistrados de carreira sofrem.

Sob o pretexto de desafogar o Poder Judiciário, o projeto de Lei nº 6204/19 busca transportar demandas executivas para um ambiente despido de garantias fundamentais do processo e absolutamente despreparado para às exigências naturais de efetividade, dialeticidade, isonomia e contraditório dos jurisdicionados.

O tal "agente de execução" não só ficaria encarregado de atos executivos. Pasmem, leitores: o tal "agente de execução" cuidaria da resposta aos jurisdicionados de temas de cunho essencialmente cognitivo. Ou apreciar se já prescrição ou decadência dispensa um olhar de cognição? Ou a realização de um juízo de admissibilidade de pedido executivo não contem elemento predominante de cognição?

Um dos principais avanços das últimas reformas processuais foi a encampação da teoria do sincretismo processual. Pois bem: o projeto de Lei nº 6204/19 vem justamente sugerir a quebra da possibilidade de entregas de tutela cognitiva e executiva numa mesma relação jurídi-

---

6 Consulta ao sítio www25.senado.leg.br em 30.06.21.

ca. A proposta, com o pretenso escopo de desafogar o Poder Judiciário, pretende criar uma rotina de idas e vindas entre relações processuais bem estabelecidas e relações cartorárias, até porque quando o agente de execução Hércules possuir dúvidas (na mitologia Hércules não era muito dado a dúvidas não), a relação processual seria repristinada para resposta à consulta do tabelião.

Na ciência processual usa-se muito para esclarecer a diferença entre procedimentos as distinções entre autoestradas e caminhos menos diretos. O projeto de Lei nº 6204/19 obrigará sob a justificativa de desafogar o jurisdicionado a percorrer distancias mais longas, mais caras, menos seguras e muito mais sinuosas para obter a satisfação do seu direito. Explico: ao invés de seguir o linear caminho da marcha processual convencional e segura, o projeto de Lei em questão transportará o jurisdicionado para uma plataforma não uniforme e que os movimentos defensivos do executado e às dúvidas do onipotente agente de execução remetem ao outrora abandonado ambiente jurisdicional.

Ponto lacunoso no projeto de Lei nº 6204/19 é com relação ao processo eletrônico. A transferência de responsabilidade de processamento de execuções do Poder Judiciário para os cartórios de protesto não detalha se os autos seguirão uma irreversível tendência de virtualização de autos, em caso positivo qual a plataforma, se essa eventual plataforma goza de compatibilidade com as ferramentas de processos eletrônico tradicionais ou se haverá uma uniformidade de práticas entre os heterogêneos cartórios de protestos espalhados pelo país.

Outro retrocesso sugerido pelo projeto de Lei nº 6204/19 é atinente à questão da competência (sic). Enquanto o Código de Processo Civil em prol da efetividade das medidas executivas coloca à disposição do exequente a possibilidade de optar pela relativização da competência nos casos de cumprimento de sentença para a comarca aonde estiverem os bens do executado, projeto de Lei nº 6204/19 prevê rigidamente a competência para os tabelionatos do foro do domicílio do devedor ou do juízo sentenciante nos casos de cumprimento de sentença "extrajudicial".

A própria nomenclatura do projeto de Lei nº 6204/19 é absolutamente confusa e pouco aderente ao jurisdicionado comum. Se tornariam possíveis a execução extrajudicial de título executivo judicial e a execução extrajudicial de título executivo extrajudicial.

Na linha dos superpoderes do agente de execução ainda estariam as atribuições de deferir ou não o benefício da gratuidade de justiça, fixar verba honorária e deferir o parcelamento em seis vezes do valor da execução condicionado ao depósito inicial de 30% da dívida. Vejam que esse último superpoder é defeso até mesmo aos magistrados, quando conduzem cumprimentos de sentença.

O clímax da violação ao modelo constitucional de processo indicado pelo projeto de Lei nº 6204/19 consiste na existência de irrecorribilidade das decisões judiciais que respondam à consultas ou suscitação de dúvida. Ou seja, esse tipo de procedimento extrajudicial não está sujeito ao duplo grau de jurisdição.

4. Considerações finais

MACHADO DE ASSIS[7], em célebre frase, já dizia que "a lei escrita pode ser obra de uma ilusão, de um capricho, de um momento de pressa, ou qualquer outra coisa menos ponderável; o uso, por isso mesmo que tem o consenso diuturno de todos, exprime a alma universal dos homens e das coisas".

Mais do que a simples reforma na legislação processual, entendemos que a introdução de garantias fundamentais do processo com a promulgação da Constituição da República Federativa do Brasil teve o condão de humanizar as relações processuais e buscar uma aderência dos jurisdicionados à prestação da tutela jurisdicional. A criação no plano constitucional de um ambiente de proximidade entre partes, terceiros interessados, membros do Ministério Público foi fundamental para que todos nós tenhamos a possibilidade de juntos construirmos uma plataforma de aplicação legal ao caso concreto que estimule o diálogo e a perfeita compreensão dos caminhos percorridos pelos magistrados na prolação de decisões judiciais. A questão, então, passa de maneira mais veemente pela adesão cultural dos jurisdicionados aos valores constitucionais do que simples reformas legislativas de adequação de ritos. É imperativa a sedimentação de um processo que viabilize a colaboração de todos os interessados e o entendimento de todos os argumentos deduzidos não só pela ótica jurídica. O direito é uma ciência de pessoas e precisa estar aberto à comunicação com seus destinatários.

De *lege ferenda*, oferecemos com o presente ensaio a sugestão de fortalecimento das instituições já estabelecidas para atendimento à execução sob a ótica do modelo constitucional de processo, com uma responsável delegação supervisionada de algumas atividades de magistrados para oficiais de justiça. A criação de uma ficção jurídica de execução cartorária não contribuirá para a resolução da sobrecarga de tarefas

7 Machado de Assis, "A Semana", Gazeta de Notícias, 25 de outubro de 1896.

do Judiciário, mas será sim um elemento adicional ao crescente déficit de confiança e legitimidade dos jurisdicionados no Estado Juiz.

Referências bibliográficas

BARBOSA MOREIRA, José Carlos. *O processo civil brasileiro entre dois mundos*, artigo publicado na Revista Forense, Editora Forense, Rio de Janeiro, 2002, Volume 359.

______________. *O futuro da justiça: alguns mitos. Temas de Direito Processual. Oitava Série. Rio de Janeiro, Forense, 2004.*

DINAMARCO, Cândido Rangel. *Fundamentos do Processo Civil Moderno*, Tomo II, 4ª Edição, Malheiros Editores, São Paulo.

GRECO, Leonardo. Novas perspectivas da efetividade e do garantismo processual. In: SOUZA, Márcia Cristina Xavier de; RODRIGUES, Walter dos Santos (Coord.). *O novo Código de Processo Civil.* O projeto do CPC e o desafio das garantias fundamentais. Rio de Janeiro: Campus Jurídico - Elsevier, 2013.

MACHADO DE ASSIS, "A Semana", Gazeta de Notícias, 25 de outubro de 1896.

NERY Júnior, Nelson e ANDRADE NERY, Rosa Maria. *Código de Processo Civil comentado e legislação processual civil extravagante em vigor*, 5ª Edição, São Paulo, Editora Revista dos Tribunais, 2001.

PINHEIRO CARNEIRO, Paulo Cezar. *Acesso à justiça.* 2ª Edição, Editora Forense, Rio de Janeiro, 2000

ACORDOS COM A ADMINISTRAÇÃO PÚBLICA À LUZ DA LEI Nº 13.988, DE 14 DE ABRIL DE 2020

Flávia Martins Affonso[1]

Roberto de Aragão Ribeiro Rodrigues[2]

Sumário: 1. Contexto de criação da Lei nº 13.988, de 14 de abril de 2020; **2.** Aspectos gerais; **3.** Análise crítica; **4.** A sistemática de acordos com a Administração Pública; **5.** Conclusão; Referências bibliográficas.

1. Contexto de criação da lei nº 13.988, de 14 de abril de 2020

O acesso à justiça, enquanto garantia fundamental que precede a efetivação de todos os demais direitos consagrados constitucionalmente,[3] deve ser interpretado à luz da noção contemporânea de jurisdição, a qual traz consigo a exigência de multiplicidade de instrumentos adequados à solução de cada espécie de litígio.[4]

O clamor da doutrina nacional contemporânea, influenciada pela exitosa experiência estrangeira,[5] contribuiu decisivamente para que nosso ordenamento viesse a incorporar a noção de Tribunal Multiportas. Primeiro, pela Resolução nº 125/2010, do Conselho Nacional de Justiça,[6] cuja sistemática veio a ser corroborada pelo Código de Processo Civil de 2015.[7]

---

1 Doutora em Direitos, Instituições e Negócios, área de concentração Justiça Administrativa, pela Universidade Federal Fluminense – UFF. Advogada da União

2 Doutor e Mestre em Direito Processual pela UERJ. Professor Titular de Direito Processual Civil do IBMEC-RJ, da Escola da AGU e da Pós-Graduação em Direito Processual Civil do CEPED/UERJ . Membro do IBDP. Advogado da União

3 GRECO, Leonardo. *Instituições de processo civil*. 5. ed. Rio de Janeiro: Forense, 2015, v. I, p. 9.

4 GRINOVER, Ada Pelegrini. *Ensaio sobre a processualidade*: fundamentos para uma nova teoria geral do processo. São Paulo: Gazeta Jurídica, 2016.

5 Confira-se, por todos: ANDREWS, Neil. *The three paths of justice*: court proceedings, arbitration and mediation. Londres: Springer, 2012.

6 "Art. 1º. Fica instituída a Política Judiciária Nacional de tratamento dos conflitos de interesses, tendente a assegurar a todos o direito à solução dos conflitos por meios adequados à sua natureza e peculiaridade."

7 Vide, especialmente, seus artigos 3º, §§ 1º e 3º, 165 e 334. Em sede doutrinária nacional, o delineamento básico desse sistema seria o seguinte: "*A ideia do sistema multiportas é justamente permitir que cada conflito tenha um tratamento adequado, funcionando o Judiciário como uma rede de proteção, para a hipótese de as par-*

Ao imperativo da adequação soma-se, ainda, a exigência de uma função verdadeiramente pacificadora da jurisdição,[8] uma vez que a adequada utilização de cada instrumento de solução de conflitos proporcionará não apenas o desfecho pontual do litígio isoladamente considerado, mas também consequências benéficas para a sociedade em geral, seja pela obtenção de maior efetividade, em termos de duração razoável da prestação jurisdicional, seja sob o aspecto do tratamento profundo das causas que antecederam a lide, tal como ocorre com o emprego da mediação, ao buscar a preservação de vínculos pré-existentes ao conflito.

Desponta como natural, portanto, a constatação de que atualmente surge para o Estado, no exercício de sua função jurisdicional, a verdadeira obrigação de disponibilizar os meios adequados à solução das inúmeras espécies de conflitos, sob pena de redução do acesso à justiça ao mero acesso formal ao Poder Judiciário,[9] com a respectiva negativa de solução da lide em prazo minimamente razoável em razão da notória crise que assola há anos o sistema brasileiro.[10]

Há considerável tendência doutrinária segundo a qual o melhor cenário para o sistema multiportas no Brasil teria o Poder Judiciário como *ultima ratio*, com atuação reservada às hipóteses em que os demais meios não se revelarem aptos à resolução do litígio.[11]

---

tes não alcançarem uma solução consensual." PINHO, Humberto Dalla Bernardina de. MAZZOLA, Marcelo. *Manual de mediação e arbitragem*. São Paulo: Saraiva Educação, 2019, p. 141. Confira-se, ainda: LESSA NETO, João Luiz. O novo CPC adotou o modelo multiportas!!! E agora?! *Revista de Processo*. São Paulo: Revista dos Tribunais. v. 244, jun. 2015, pp. 427-441.

8 PINHO, Humberto Dalla Bernardina de. *Jurisdição e pacificação*: limites e possibilidades do uso dos meios consensuais de resolução de conflitos na tutela dos direitos transindividuais e pluri-individuais. Curitiba: CRV, 2017, p. 127.

9 CURY, Cesar. Um modelo transdisciplinar de solução de conflitos: Direito e tecnologia no processo de recuperação judicial no *leading case* Oi S/A. In: *Inteligência Artificial e Direito Processual*: Os impactos da virada tecnológica no direito processual. Coordenadores Dierle Nunes, Paulo Henrique dos Santos Lucon, Erik Navarro Wolkart. Salvador: Editora JusPodivm, 2020, pp. 86-92.

10 Vide o último Relatório Justiça em Números do Conselho Nacional de Justiça. https://www.cnj.jus.br/wp-content/uploads/conteudo/arquivo/2019/08/justica_em_numeros20190919.pdf. Acesso em 18 maio 2020.

11 *"Na verdade, o Judiciário deveria ser o último degrau de uma escalada conflituosa."* PINHO, Humberto Dalla Bernardina de. MAZZOLA, Marcelo. *Manual de mediação e arbitragem*. São Paulo: Saraiva Educação, 2019, p. 141.

Parcela da doutrina vai além e já cogita a necessidade de iminente ressignificação do interesse de agir,[12] com exigência de demonstração de prévia tentativa de autocomposição para que reste caracterizada a presença dessa condição para o regular exercício do direito de ação.

Não se desconsidera, naturalmente, o óbice da inafastabilidade da jurisdição, consagrado como direito fundamental no art. 5º, XXXV, da Constituição Federal,[13] que veio a ser reforçado e ampliado pelo art. 3º do Código de Processo Civil.

Solução intermediária e mais acertada consistiria, a nosso ver, não na obrigatoriedade, mas sim na previsão de incentivos econômicos à autocomposição prévia à propositura da ação, tal como previsto na lei de mediação,[14] que conta com o beneplácito de considerável parcela da doutrina brasileira.[15]

É neste contexto que veio à lume, em 14 de abril de 2020, a Lei n° 13.988, fruto da conversão da Medida Provisória n° 899/2019 e que dispõe sobre o cabimento de transação no âmbito da Administração Pública Federal, dentre outras providências.

2. Aspectos Gerais

Conforme disposto na exposição de motivos da MP nº 899/2019,[16] que veio a ser convertida na Lei em comento, seu principal escopo con-

---

12 PINHO, Humberto Dalla Bernadina de. STANCATI, Maria Martins Silva. A ressignificação do princípio do acesso à justiça à luz do art. 3º do Código de Processo Civil de 2015. *Revista de Processo*. São Paulo: v. 41, n. 254, pp.17-44, abr. 2016.

13 Ainda que já tenha sido excepcionada pelo Supremo Tribunal Federal em algumas ocasiões, sendo que a mais notória decorreu do julgamento do RE 631.240, a partir do qual fixou-se o entendimento de que o exercício do direito de ação que tenha por objeto a concessão de benefícios previdenciários encontra-se condicionado à prévia formulação de requerimento administrativo ao INSS. Tal tese está consubstanciada no Tema 350 – Prévio requerimento administrativo como condição para acesso ao Judiciário.

14 Lei nº 13.140/2015, art. 22, §2º, IV, contempla uma hipótese de sanção punitiva pela prática de ato contrário ao seu objetivo: "O não comparecimento da parte convidada à primeira reunião de mediação acarretará a assunção por parte desta de cinquenta por cento das custas e honorários sucumbenciais caso venha a ser vencedora em procedimento arbitral ou judicial posterior, que envolva o escopo da mediação para a qual foi convidada."

15 PONTES, Daniel de Oliveira. *Mutações no interesse de agir à luz do direito processual civil brasileiro*. Rio de Janeiro: Lumen Juris, 2019, pp. 129-130.

16 Disponível em: http://www.planalto.gov.br/ccivil_03/_ato2019-2022/2019/Exm/Exm-MP-899-19.pdf. Acesso em 22 maio 2020.

siste na criação de "*mecanismos indutores de autocomposição em causas de natureza fiscal*", por meio da regulamentação, em âmbito federal, da regra prevista no artigo 171 do Código Tributário Nacional.

A MP teve ainda a louvável intenção de esvaziar "*a prática comprovadamente nociva de criação periódica de parcelamentos especiais, com concessão de prazos e descontos excessivos a todos aqueles que se enquadram na norma (mesmo aqueles com plena capacidade de pagamento integral da dívida)*", o que já lhe rendeu os merecidos elogios da doutrina especializada.[17]

Passando à visão panorâmica de seus dispositivos, depreende-se que o art. 1° dessa Lei estabelece os requisitos e as condições para que a União e suas autarquias e fundações realizem transação resolutiva de litígios relativos à cobrança de créditos de natureza tributária *ou não*.

Logo, o escopo inicial de transação exclusivamente tributária, mencionado acima, veio a ser ampliado ainda no momento de maturação da Medida Provisória apelidada de "MP do contribuinte legal", cuja exposição de motivos faz menção expressa aos demais órgãos de direção superior da Advocacia-Geral da União - Procuradoria-Geral Federal e Procuradoria-Geral da União – que passam a ser responsáveis, respectivamente, pelo mesmo modelo de resolução consensual no que diz respeito às dívidas tributárias das autarquias e fundações federais e à cobrança dos créditos devidos à União de natureza não tributária.

É certo que a transação se reveste das características de ato discricionário da Administração e, como tal, orientado pelos princípios da oportunidade e conveniência. Contudo, o ato deve ser, sempre, motivado, atendendo, ainda, aos princípios da isonomia, da capacidade contributiva, da transparência, da moralidade, da razoável duração dos processos e da eficiência e publicidade, salvo para as informações protegidas pelo sigilo.[18]

---

17 "De fato, a recorrência de parcelamentos especiais em um horizonte de curto prazo, como se observou ao longo dos últimos vinte anos, reduz o *compliance* tributário e estimula o financiamento indireto de agentes privados com o dinheiro público." PEPE, Rafael Gaia. RODRIGUES, Marco Antonio. Ela, a transação fiscal, vista por nós, advogados públicos. *Jota. Tribuna da Advocacia Pública*. Disponível em: https://www.jota.info/opiniao-e-analise/colunas/tribuna-da-advocacia-publica/ela-a-transacao-fiscal-vista-por-nos-os-advogados-publicos-09052020. Acesso em 22 maio de 2020.

18 É o que se extrai dos parágrafos de seu artigo 1º:
"§ 1º A União, em juízo de oportunidade e conveniência, poderá celebrar transação em quaisquer das modalidades de que trata esta Lei, sempre que, motivadamente, entender que a medida atende ao interesse público.

O parágrafo 4º do artigo 1º da Lei dispõe sobre os possíveis objetos da transação, abarcando os créditos tributários não judicializados, tributos da União e dívida ativa da União, autarquias e fundações públicas federais nas condições que especifica nos incisos I, II e III.

Importante destacar, uma vez mais, que a Lei em questão não dispõe apenas sobre a possibilidade de transação em matéria tributária, eis que o inciso III acima referido elenca, também, os créditos cuja cobrança pertença à atribuição da Procuradoria-Geral da União, nos termos de ato do Advogado-Geral da União e sem prejuízo do disposto na Lei nº 9.469, de 10 de julho de 1997. Isso significa que, para essa última hipótese, somente se aplicará quando de dívida de difícil recuperação ou irrecuperável; caso contrário, será o acordo regido pela Lei nº 9.469/1997.

Por outro lado, o legislador, no § 5°, ressalva que a transação de créditos de natureza tributária será realizada nos termos do art. 171 do Código Tributário Nacional.

A Lei, na forma do art. 2°, trata de três modalidades de transação, a saber:

> i) por proposta individual ou por adesão, na cobrança de créditos inscritos na dívida ativa da União, de suas autarquias e fundações públicas, ou na cobrança de créditos que seja de competência da Procuradoria-Geral da União;
> ii) por adesão, nos demais casos de contencioso judicial ou administrativo tributário; e
> iii) por adesão, no contencioso tributário de pequeno valor.

Institui-se, na transação por adesão prevista nos incisos I a III do art. 2º, instrumento semelhante àquele previsto no art. 35 da Lei nº 13.140/2015 (Lei de Mediação), fato que será abordado e criticado abaixo.

O art. 3° da Lei n° 13.988/20 condiciona a proposta de transação à assunção de diversos compromissos que têm por alicerce a cláusula

---

§ 2º Para fins de aplicação e regulamentação desta Lei, serão observados, entre outros, os princípios da isonomia, da capacidade contributiva, da transparência, da moralidade, da razoável duração dos processos e da eficiência e, resguardadas as informações protegidas por sigilo, o princípio da publicidade.
§ 3º A observância do princípio da transparência será efetivada, entre outras ações, pela divulgação em meio eletrônico de todos os termos de transação celebrados, com informações que viabilizem o atendimento do princípio da isonomia, resguardadas as legalmente protegidas por sigilo."

geral da boa-fé, bem como em desestímulos ao prosseguimento de qualquer forma de litigância, seja em sede administrativa ou judicial.

Ademais, o § 1° desse art. 3° configura como confissão, na forma do art. 389 do CPC, a aceitação das condições da transação e o § 3° determina que só se dará a extinção do crédito quando forem integralmente cumpridas todas as condições previstas no termo.

Por outro lado, seu art. 4° elenca as hipóteses de rescisão da transação, baseadas, em síntese, em descumprimento da avença pactuada, esvaziamento de patrimônio com intuito de fraude, falência ou extinção, bem como pela prática de atos ilícitos ou dolosos que maculem o acordo. Ocorrendo uma dessas hipóteses, o devedor deverá ser notificado e poderá apresentar impugnação, no prazo de 30 dias, na forma da Lei n° 9.784/99 (art. 4°, § 1°). Sendo mantida a rescisão, o contribuinte não poderá aderir a uma nova transação pelo prazo de 2 (dois) anos, ainda que relativa a débito distinto (art. 4º, § 4º).

O art. 5° da Lei n° 13.988/20 impõe restrições ao uso da transação, excluindo a sua possibilidade quanto às multas de natureza penal, hipóteses de concessão de descontos instituídas por programas governamentais que especifica e que venha a beneficiar devedor considerado por lei como contumaz.

Com relação ao teto do valor a ser transacionado, o art. 8° menciona a necessidade de edição de ato específico de atribuição do Ministro da Economia ou do Advogado-Geral da União.

O Capítulo II (arts. 10 a 15) da Lei trata da transação na cobrança de créditos da União e de suas autarquias e fundações públicas,[19] enquanto o Capítulo III trata da transação por adesão no contencioso tributário de relevante e disseminada controvérsia jurídica.

O Capítulo IV trata da transação por adesão no contencioso tributário de pequeno valor, assim considerado aquele que não supere 60 salários mínimos.

Assim, na forma do art. 24, a transação relativa a crédito tributário de pequeno valor será realizada na pendência de impugnação, de recurso ou de reclamação administrativa ou no processo de cobrança da dívida ativa da União.

De acordo com o art. 25, a transação de que trata esse Capítulo poderá contemplar, em síntese, três espécies de benefícios: concessão de

---

19 No que concerne à delegação prevista no art. 14, há, no âmbito da Procuradoria-Geral da Fazenda Nacional, substanciosa e pormenorizada regulamentação na Portaria PGFN nº 9.917, de 14 de abril de 2020.

descontos, observado o limite máximo de 50% (cinquenta por cento) do valor total do crédito; dilação de prazos e formas de pagamento especiais, incluídos o diferimento e a moratória, obedecido o prazo máximo de quitação de 60 (sessenta) meses; e oferecimento, substituição ou alienação de garantias e de constrições.

O § 1º assegura a possibilidade de cumulação desses três benefícios, mas o art. 26 prevê a hipótese de condicionamento da proposta de transação ao compromisso do interessado de requerer a homologação judicial do acordo.

O art. 29 traz redação muito próxima à do art. 40 da Lei de Mediação, no sentido de que os agentes públicos que participarem do processo de composição do conflito, judicial ou extrajudicialmente, com o objetivo de celebração de transação nos termos desta Lei somente poderão ser responsabilizados, inclusive perante os órgãos públicos de controle interno e externo, quando agirem com dolo ou fraude para obter vantagem indevida para si ou para outrem.

Por fim, não podemos deixar de registrar, ainda que fora do escopo deste artigo, mas em razão da delicadeza do tema, que a Lei nº 13.988/2020, pelo artigo 28, extinguiu o "voto de qualidade" até então atribuído ao Conselho Administrativo de Recursos Fiscais - CARF pela Lei nº 10.522/2002, o que, por um lado, pode levar à redução da judicialização, ao se resolver favoravelmente em prol do contribuinte em caso de empate, por outro, a uma menor arrecadação com a redução de investimento em políticas públicas.

3. Análise crítica à luz do sistema de justiça multiportas e do microssistema de meios autocompositivos

Pode-se afirmar com tranquilidade que hoje coexistem de forma harmônica no Brasil diversos microssistemas processuais acerca de temas específicos, tais como o da tutela coletiva[20] e o dos julgamentos de ações e recursos repetitivos representativos de controvérsias previsto no CPC/2015 (que formarão os pronunciamentos jurisdicionais qualificados ou precedentes vinculantes).[21]

---

20 MELLO PORTO, José Roberto Sotero. PINHO, Humberto Dalla Bernardina de Pinho. Manual da Tutela Coletiva. No prelo.

21 RODRIGUES, Roberto de Aragão Ribeiro. *Precedente formado em casos repetitivos*: eficácia, *issue preclusion* e as teses jurídicas prejudiciais. Curitiba: Juruá, 2017, pp. 167-197.

A identificação de microssistemas não se trata de mero preciosismo acadêmico. Ao contrário, a sua razão de ser consiste na extração da máxima potencialidade de certos institutos que, por vezes, recebem regulamentação precária ou insuficiente.

É o que se passa, flagrantemente, com o instituto do mandado de segurança coletivo e com o incidente de assunção de competência.

No primeiro caso, a regulamentação do instituto, restrita aos artigos 21 e 22 da Lei nº 12.016/2009, é complementada pela a incidência plena de regras do microssistema da tutela coletiva, notadamente de sua "espinha dorsal", que consiste no Código de Defesa do Consumidor e na Lei da Ação Civil Pública.

Já quanto ao incidente de assunção de competência, cuja enxuta disciplina consta do artigo 947 do CPC, os operadores do Direito, a jurisprudência e a doutrina têm recorrido à pormenorizada regulamentação do incidente de resolução de demandas repetitivas (artigos 976 a 978) e dos recursos extraordinário e especial repetitivos (artigos 1.036 a 1.041).

A razão de ser dos microssistemas consiste exatamente nesse intercâmbio de normas e na possibilidade de ampliação das potencialidades de institutos pouco regulados, mediante a interpretação sistemática de regras e princípios interoperáveis, tal como exemplificado acima.

Tal explanação prévia sobre os microssistemas se justifica na medida em que passaremos a apontar incompatibilidades *prima facie* entre a transação prevista na Lei objeto deste estudo e institutos previstos na Lei de Mediação.

A primeira questão que chama a atenção é o fato de a nova Lei não fazer menção, em seu Capítulo III, que dispõe sobre transação por adesão no contencioso tributário de relevante e disseminada controvérsia jurídica, ao art. 35 da Lei de Mediação, que, justamente, trata da transação por adesão, mas que até hoje não foi posto em prática sob a alegação de depender de norma regulamentadora.

A nova ferramenta prevista na Lei n° 13.988/20, embora carregue o mesmo nome, parece apresentar diferenças bem marcantes quanto à iniciativa e ao procedimento para sua operacionalização.

Com efeito, o art. 16 da Lei nº 13.988/2020 confere iniciativa ao Ministro da Economia para propor aos sujeitos passivos transação resolutiva de litígios aduaneiros ou tributários decorrentes de relevante e disseminada controvérsia jurídica. Para tanto, poderá tomar por base manifestação da Procuradoria-Geral da Fazenda Nacional e da Secretaria Especial da Receita Federal.

Não custa lembrar que o art. 35 da Lei de Mediação[22] confere iniciativa ao Advogado-Geral da União, com base em "jurisprudência pacífica" dos Tribunais Superiores (inciso I) ou mediante aprovação pelo Presidente da República (inciso II) para fins de formulação de proposta de transação por adesão. Temos, pela Lei, dois critérios: um jurídico e outro político.

O § 2° do art. 16 da Lei n° 13.988/20, por sua vez, prevê que essa nova proposta de transação versará, preferencialmente, sobre controvérsia restrita a segmento econômico ou produtivo, a grupo ou universo de contribuintes ou a responsáveis delimitados, vedada, em qualquer hipótese, a alteração de regime jurídico tributário. O § 3º considera como controvérsia jurídica relevante e disseminada aquela que trata de questões tributárias que ultrapassem os interesses subjetivos da causa.

Já o art. 17 prevê que a proposta de transação será publicada na forma de um edital, ao passo que o § 1° do art. 35 da Lei de Mediação prevê a edição de uma Resolução Administrativa.

O art. 18 restringe a possibilidade de celebração dessa nova transação à existência, na data de publicação do edital, de inscrição em dívida ativa, de ação judicial, de embargos à execução fiscal ou de reclamação ou recurso administrativo pendente de julgamento definitivo, relativamente à tese objeto da transação.

---

22 Art. 35. As controvérsias jurídicas que envolvam a administração pública federal direta, suas autarquias e fundações poderão ser objeto de transação por adesão, com fundamento em:
I - autorização do Advogado-Geral da União, com base na jurisprudência pacífica do Supremo Tribunal Federal ou de tribunais superiores; ou
II - parecer do Advogado-Geral da União, aprovado pelo Presidente da República.
§ 1º Os requisitos e as condições da transação por adesão serão definidos em resolução administrativa própria.
§ 2º Ao fazer o pedido de adesão, o interessado deverá juntar prova de atendimento aos requisitos e às condições estabelecidos na resolução administrativa.
§ 3º A resolução administrativa terá efeitos gerais e será aplicada aos casos idênticos, tempestivamente habilitados mediante pedido de adesão, ainda que solucione apenas parte da controvérsia.
§ 4º A adesão implicará renúncia do interessado ao direito sobre o qual se fundamenta a ação ou o recurso, eventualmente pendentes, de natureza administrativa ou judicial, no que tange aos pontos compreendidos pelo objeto da resolução administrativa.
§ 5º Se o interessado for parte em processo judicial inaugurado por ação coletiva, a renúncia ao direito sobre o qual se fundamenta a ação deverá ser expressa, mediante petição dirigida ao juiz da causa.
§ 6° A formalização de resolução administrativa destinada à transação por adesão não implica a renúncia tácita à prescrição nem sua interrupção ou suspensão.

No entanto, o parágrafo único desse dispositivo prevê a rescisão do acordo quando contrariar decisão judicial definitiva prolatada antes da celebração da transação.

O art. 19 descreve o procedimento para que o sujeito passivo da obrigação tributária solicite sua adesão à transação, na forma do ato do Ministro da Economia. Para tanto, o interessado deverá:

> a) requerer a homologação judicial do acordo, para que se constitua em título executivo judicial, na forma do art. 515 do CPC;
> b) sujeitar-se, em relação aos fatos geradores futuros ou não consumados, ao entendimento dado pela administração tributária à questão em litígio, ressalvada a cessação de eficácia prospectiva da transação decorrente do advento de precedente persuasivo nos termos dos incisos I, II, III e IV do art. 927 do CPC[23] ou nas hipóteses previstas no art. 19 da Lei n° 10.522/2002.[24].

---

23 Art. 927. Os juízes e os tribunais observarão:
I - as decisões do Supremo Tribunal Federal em controle concentrado de constitucionalidade;
II - os enunciados de súmula vinculante;
III - os acórdãos em incidente de assunção de competência ou de resolução de demandas repetitivas e em julgamento de recursos extraordinário e especial repetitivos;
IV - os enunciados das súmulas do Supremo Tribunal Federal em matéria constitucional e do Superior Tribunal de Justiça em matéria infraconstitucional;
V - a orientação do plenário ou do órgão especial aos quais estiverem vinculados.

24 Art. 19. Fica a Procuradoria-Geral da Fazenda Nacional dispensada de contestar, de oferecer contrarrazões e de interpor recursos, e fica autorizada a desistir de recursos já interpostos, desde que inexista outro fundamento relevante, na hipótese em que a ação ou a decisão judicial ou administrativa versar sobre: (Redação dada pela Lei nº 13.874, de 2019)
I - matérias de que trata o art. 18;
II - tema que seja objeto de parecer, vigente e aprovado, pelo Procurador-Geral da Fazenda Nacional, que conclua no mesmo sentido do pleito do particular; (Redação dada pela Lei nº 13.874, de 2019)
III - (VETADO). (Incluído pela Lei nº 12.788, de 2013)
IV - tema sobre o qual exista súmula ou parecer do Advogado-Geral da União que conclua no mesmo sentido do pleito do particular; (Redação dada pela Lei nº 13.874, de 2019)
V - tema fundado em dispositivo legal que tenha sido declarado inconstitucional pelo Supremo Tribunal Federal em sede de controle difuso e tenha tido sua execução suspensa por resolução do Senado Federal, ou tema sobre o qual exista enunciado de súmula vinculante ou que tenha sido definido pelo Supremo Tribunal Federal em sentido desfavorável à Fazenda Nacional em sede de controle concentrado de constitucionalidade; (Redação dada pela Lei nº 13.874, de 2019)
VI - tema decidido pelo Supremo Tribunal Federal, em matéria constitucional, ou

Críticas devem existir sobre a expressão "precedente persuasivo" que parece contraditória diante de tudo o que a doutrina e a jurisprudência pátrias vem definindo acerca do alcance do art. 927 do CPC e da natureza vinculante dos pronunciamentos judiciais ali elencados.

O art. 20, a seu turno, traz diversas hipóteses em que a transação restará vedada, lançando mão, uma vez mais, da inadequada e imprecisa expressão "precedentes persuasivos" previstos no art. 927 CPC, na hipótese em que tais pronunciamentos jurisdicionais, na verdade de observância obrigatória, forem integralmente favoráveis à Fazenda Nacional.

Finalmente, o art. 22, § 3° dispõe que a transação por adesão será realizada exclusivamente por meio eletrônico.

Por fim, registramos que o fato de a nova Lei não ter feito menção, ou mesmo não ter esclarecido se houve revogação do disposto no art. 35 da Lei de Mediação, traz perplexidade à comunidade jurídica. Melhor se entender, no conflito aparente de normas, pela aplicação do princípio da especialidade, por ser a norma prevista pelo art. 35 mais genérica. Em caso de crédito tributário da União, se aplicaria o disposto Lei n° 13.988/20.

A Lei n° 13.140/2015 é o marco legal da mediação no direito brasileiro. Um diploma reconhecido nacionalmente por sua precisão técnica e pela efetividade de suas disposições. Por sua vez, o Decreto nº 10.608/2021, em seu art. 18, permite que a Câmara de Conciliação da AGU venha dirimir, por meio de mediação, as controvérsias que envolvam particular e órgão ou entidade pública federal, nos casos previstos no regulamento de que trata o §2º do art. 32 da Lei de Mediação (a submissão do conflito às câmaras de que trata o *caput* é facultativa e será cabível apenas nos casos previstos no regulamento do respectivo ente federado).

A nosso ver, a melhor interpretação é a extensiva, com base na já tradicional noção de microssistema, neste caso dos meios autocompo-

---

pelo Superior Tribunal de Justiça, pelo Tribunal Superior do Trabalho, pelo Tribunal Superior Eleitoral ou pela Turma Nacional de Uniformização de Jurisprudência, no âmbito de suas competências, quando: (Incluído pela Lei nº 13.874, de 2019)

a) for definido em sede de repercussão geral ou recurso repetitivo; ou (Incluída pela Lei nº 13.874, de 2019)

b) não houver viabilidade de reversão da tese firmada em sentido desfavorável à Fazenda Nacional, conforme critérios definidos em ato do Procurador-Geral da Fazenda Nacional; e (Incluída pela Lei nº 13.874, de 2019)

VII - tema que seja objeto de súmula da administração tributária federal de que trata o art. 18-A desta Lei. (Incluído pela Lei nº 13.874, de 2019)

sitivos, que tem a Lei de Mediação como seu cerne. Parece fora de dúvida, também, que a própria natureza do sistema multiportas impõe uma interpretação extensiva, de modo a abarcar o maior número possível de instrumentos, a fim de se encontrar o mais adequado para a resolução de cada litígio.[25]

A despeito de tais considerações, consideramos que melhor seria se a nova Lei tivesse interagido de maneira mais harmônica com o ordenamento já consolidado.

4. A sistemática de acordos com a administração pública federal

Tendo por enfoque a Lei nº 13.988, de 14 de abril de 2020, abordaremos a sistemática de acordos com a Administração Pública Federal partindo do pressuposto de a União ser a credora dos valores devidos pelo particular.

No que diz respeito aos créditos da Fazenda Pública, a Lei nº 13.988/2020 se aplica aos créditos tributários não judicializados sob a administração da Secretaria Especial da Receita Federal do Brasil do Ministério da Economia; à dívida ativa e aos tributos da União, cujas inscrição, cobrança e representação incumbam à Procuradoria-Geral da Fazenda Nacional, nos termos do art. 12 da Lei Complementar nº 73, de 10 de fevereiro de 1993; e no que couber, à dívida ativa das autarquias e das fundações públicas federais, cujas inscrição, cobrança e representação incumbam à Procuradoria-Geral Federal, e aos créditos cuja cobrança seja competência da Procuradoria-Geral da União, nos termos de ato do Advogado-Geral da União e sem prejuízo do disposto na Lei nº 9.469, de 10 de julho de 1997.

Nesse sentido, para créditos que não sejam de atribuição da Procuradoria-Geral da Fazenda Nacional, se aplica a lei na hipótese de não aplicação da Lei nº 9.469, de 10 de julho de 1997, devendo ser lida a expressão "no que couber" à hipótese de crédito irrecuperável ou de difícil recuperação, nos termos da Portaria AGU nº 249, de 8 de julho de 2020, que regulamenta a transação por proposta individual dos créditos administrados pela Procuradoria-Geral Federal e dos créditos cuja cobrança compete à Procuradoria-Geral da União.

---

25 RODRIGUES, Roberto de Aragão Ribeiro. STRÄTZ, Murilo. O papel da Advocacia--Geral da União (AGU) no Sistema Multiportas: a transação referendada pela AGU necessita de homologação judicial para que ostente plena exequibilidade? *REVISTA MAGISTER DE DIREITO CIVIL E PROCESSUAL CIVIL*, v. 86, 2018, p. 85.

Como salienta o §1º do art. 1º da Portaria AGU nº 249/2020, no que diz respeito à transação por proposta individual dos créditos administrados pela Procuradoria-Geral Federal e dos créditos cuja cobrança compete à Procuradoria-Geral da União, a transação, prevista pela Lei nº 13.988/2020 terá como finalidade a resolução de litígios administrativos ou judiciais e abrangerá apenas os créditos consolidados de pessoas físicas ou jurídicas classificados como irrecuperáveis ou de difícil recuperação, a critério da autoridade administrativa competente, desde que inexistam indícios de esvaziamento patrimonial fraudulento.

Como explicita o art. 3º da Portaria, consideram-se créditos administrados pela Procuradoria-Geral Federal aqueles que, após regular constituição no âmbito das autarquias e fundações públicas federais, encontram-se inscritos em dívida ativa e estejam aptos a serem cobrados pelos órgãos de execução da Procuradoria-Geral Federal. Por sua vez, seriam créditos cuja cobrança compete à Procuradoria-Geral da União aqueles não classificáveis como dívida ativa da Fazenda Pública, nos termos do art. 2º da Lei nº 6.830, de 22 de setembro de 1980.

A aplicação da Lei nº 9.469/1997 já era excluída de aplicação quando de Dívida Ativa da União ou processos em que a União fosse autora, ré, assistente ou opoente cuja representação judicial fosse atribuída à Procuradoria-Geral da Fazenda Nacional, quando a situação passaria a ser regulada pela Lei nº 10.522, de 19 de julho de 2002, e demais normas sobre parcelamento, com previsão de renegociação da dívida em até 180 meses, ou seja, 15 anos. Vários foram os exemplos disto, tais como a edição da Lei nº 10.684/2003 ("Paes"), da MP nº 303/2006 ("Paex"), da Lei nº 11.941/2009 ("Refis da Crise"), das Leis nº 12.865/2013, nº 12.996/2014 e nº 13.043/2014 ("Refis da Copa") e, mais recentemente, a Lei nº 13.496/2017 ("Pert").

No que diz respeito aos débitos tributários, são contemplados na negociação, em especial, os débitos de PIS, COFINS, IPI, contribuições previdenciárias, IRPF, IRPJ e CSLL; há vedação para negociação de débitos do Simples Nacional e de FGTS, bem como proíbe a redução de multas qualificadas ou de natureza penal.[26] Por sua vez, em relação às contribuições previdenciárias são vedados a moratória e o parcelamento em prazo superior a 60 meses, nos termos do §11 do art. 195 da Constituição.

No caso de débitos de difícil recuperação (*rating* C ou D da dívida Ativa da União[27]), a Lei do Contribuinte Legal permite descontos de até

26 Lei nº 13.988, art.5º.

27 Portaria MF nº 293, de 12 de junho de 2017, publicada no DOU de 13.06.2017, seção 1, página 15, estabelece os critérios para classificação dos créditos inscri-

50% em multas e juros, sem redução do principal, com parcelamento de até 84 meses, como, por exemplo, os débitos de empresas em recuperação judicial, liquidação ou falência[28]. Por sua vez, poderão ser oferecidos descontos de 70% do valor dos créditos a serem transacionados para pessoas físicas, microempresa - ME e empresa de pequeno porte- EPP, ampliando-se o prazo máximo de quitação para até 145 (cento e quarenta e cinco) meses. Tanto os descontos de 50% como os de 70% serão dirigidos apenas aos créditos de difícil recuperação. Diferente dos créditos a serem cobrados pelas autarquias e União que não inscritos em Dívida Ativa, a lei se aplica a todos os créditos da Fazenda, contanto para o desconto supramencionado, deve também haver o enquadramento de difícil recuperação.

A adesão pode ser feita no site da Procuradoria-Geral da Fazenda da União- PGFN.[29] O contribuinte deverá escolher a opção "negociação de dívida" e clicar em "acessar o Sispar'. No menu "declaração de receita/rendimento", o contribuinte deverá preencher um formulário eletrônico e aguardar a proposta da PGFN.

Há quem entenda que a limitação do uso da transação tributária apenas para débitos de difícil recuperação não encontra respaldo legal no Art. 171 do CTN, além de não desenhar qualquer limitação de sua

tos em dívida ativa da União. No seu art. 2º, inciso V prevê o *rating*, que é a nota atribuída ao devedor ou grupo de devedores que representa o grau de recuperabilidade do débito. O art. 10 da Portaria prevê a seguinte classificação, observando as seguintes classes (*rating)*: (I) A: créditos com alta perspectiva de recuperação; (II) B: créditos com média perspectiva de recuperação; (III) C: créditos com baixa perspectiva de recuperação; (IV) D: créditos considerados irrecuperáveis. Por sua vez, o art. 11 prevê que serão classificados com rating "D", independentemente do índice geral de recuperabilidade (IGR): (I) os créditos dos devedores pessoa jurídica cuja situação cadastral do CNPJ seja: a) baixada por inaptidão; b) baixada por inexistência de fato; c) baixada por omissão contumaz; d) baixada por encerramento da falência; e) inapta por localização desconhecida; f) inapta por inexistência de fato; g) inapta por omissão e não localização; h) inapta por omissão contumaz; i) inapta por omissão de declarações; j) suspensa por inexistência de fato; (II) os créditos inscritos há mais de 15 (quinze) anos, sem anotação atual de parcelamento ou garantia; (III) os créditos dos devedores pessoa jurídica com indicativo de falência decretada ou recuperação judicial deferida; (IV) os créditos dos devedores pessoa física com indicativo de óbito; (V) os créditos com anotação de suspensão de exigibilidade por decisão judicial.

28 LAZARO, Rodrigo. A transação tributária esperada após a Lei 13.998/2020. *Revista Jus Navigandi*. Disponível em <https://jus.com.br/artigos/81409/a-transacao-tributaria-esperada-apos-a-lei-13-998-2020>. Acesso em 20.01.2021.

29 Disponível em : https://www.regularize.pgfn.gov.br/. Acesso em 15/02/2021.

aplicação sobre débitos originários de fraude ou simulação. É possível dizer que, no caso da remissão (art. 172 do CTN), há uma abordagem normativa relativa à situação econômica do contribuinte, o que não encontra paralelo na transação tributária.[30] Todavia, entendo que a lei não prevê limitação de transação tributária, mas a concessão do desconto no percentual apontado apenas nos casos de débitos de difícil recuperação.

A transação proposta pela Lei vai ao encontro do regramento das recuperações judiciais, pois busca adequar os meios de cobrança à capacidade de pagamento dos devedores, sendo que, porém, a limitação de prazo a 84 meses é menos favorável ao contribuinte que as leis anteriores, o que pode dificultar o acordo.

Editou a PGFN, por sua vez, a Portaria n 9.917/2000, para fins de regulamentar a transação tributária, prevendo como objetivos da transação na cobrança da dívida ativa da União: (i) viabilizar a superação da situação transitória de crise econômico-financeira do sujeito passivo, a fim de permitir a manutenção da fonte produtora e do emprego dos trabalhadores, promovendo, assim, a preservação da empresa, sua função social e o estímulo à atividade econômica; (ii) assegurar fonte sustentável de recursos para execução de políticas públicas; (iii) assegurar que a cobrança dos créditos inscritos em dívida ativa seja realizada de forma a equilibrar os interesses da União e dos contribuintes; (iv) assegurar que a cobrança de créditos inscritos em dívida ativa seja realizada de forma menos gravosa para a União e para os contribuintes; (v) assegurar aos contribuintes em dificuldades financeiras nova chance para retomada do cumprimento voluntário das obrigações tributárias concorrentes.

De um modo geral, a proposta de transação deverá expor os meios para a extinção dos créditos nela contemplados e estará condicionada, no mínimo, à assunção pelo devedor dos compromissos de: (i) não utilizar a transação de forma abusiva, com a finalidade de limitar, de falsear ou de prejudicar, de qualquer forma, a livre concorrência ou a livre iniciativa econômica; (ii) não utilizar pessoa natural ou jurídica interposta para ocultar ou dissimular a origem ou a destinação de bens, de direitos e de valores, os seus reais interesses ou a identidade de beneficiários de seus atos, em prejuízo da Fazenda Pública Federal; (iii) não alienar nem onerar bens ou direitos sem a devida comunicação ao órgão da Fazenda Pública competente, quando exigido em lei; (iv) desistir das impugnações ou dos recursos administrativos que tenham por objeto os créditos incluídos na transação e renunciar a quaisquer alegações de direito sobre as quais se fundam as referidas impugnações ou recursos; (v) renun-

30 LAZARO, Rodrigo. *Op. Cit.*

ciar a quaisquer alegações de direito, atuais ou futuras, sobre as quais se fundem ações judiciais, inclusive as coletivas, ou recursos que tenham por objeto os créditos incluídos na transação, por meio de requerimento de extinção do respectivo processo com resolução de mérito, nos termos da alínea c do inciso III do caput do art. 487 da Lei nº 13.105, de 16 de março de 2015 (Código de Processo Civil).

Os parcelamentos serão calculados conforme a possibilidade de pagamento de cada devedor. Caso seja constatada uma capacidade positiva de pagamento, com a verificação de uma possibilidade de pagamento dos débitos em até 60 (sessenta) meses, o benefício da transação não poderia contemplar um parcelamento de 84 (oitenta e quatro) meses e descontos. Por outro lado, caso seja constatada uma capacidade negativa, a transação poderá ser firmada entre as partes com base em seus dados e capacidades de pagamento analisados pela equipe da procuradoria.[31]

A Advocacia-Geral da União (AGU) disponibiliza ao público uma plataforma[32] para receber propostas de quitação de dívidas com a União com base na Lei nº 13.988/2020. Caso a dívida seja considerada irrecuperável ou de difícil recuperação, o interessado será chamado para assinar o Termo de Transação, que conterá todas as cláusulas necessárias à celebração do acordo.

A Lei nº 13.988/2020 permite uma série de benefícios para quitação de dívidas consideradas irrecuperáveis ou de difícil recuperação. No caso de empresas (pessoas jurídicas), o saldo devedor pode ser parcelado em até 84 vezes, com descontos que podem chegar a 50% sobre juros, multas e encargos. Já para pessoas físicas, microempresas, empresas de pequeno porte, instituições de ensino, santas casas de misericórdia, sociedades cooperativas e demais organizações da sociedade civil, o parcelamento pode chegar a 145 vezes, com descontos de até 70% sobre juros, multas e encargos.

Empresas em recuperação judicial, com falência decretada ou que estejam em intervenção, recuperação extrajudicial ou liquidação judicial ou extrajudicial poderão ter um prazo de 180 dias para começarem a pagar o parcelamento.

Por sua vez, as dívidas não tributárias que não consideradas irrecuperáveis ou de difícil recuperação podem ser negociadas seguindo os

31 LAZARO, Rodrigo. *Op. Cit.*

32 Disponível em https://pndi.agu.gov.br/. Acesso em 05/01/2021.

requisitos da Lei nº 9.469/1997, por meio do Protocolo eletrônico da AGU.[33]

No âmbito da Procuradoria-Geral da União, a Portaria nº 02, de 02 de abril de 2014 veio regulamentar a celebração do acordo com base na Lei nº 9.494/1997, vindo dispor que não poderá ser deferido parcelamento superior a 60 (sessenta) meses, em se tratando de crédito da União inferior a R$ 100.000,00 (cem mil reais), o que significa dizer que, se o crédito for superior, e tiver no âmbito da conveniência da União, poderá o número de parcelas ser superior. A recém publicada Portaria Normativa PGU/AGU nº 01, de 1º de fevereiro de 2021, revogou a Portaria PGU nº 02/2014, mas em seu art. 67 vem confirmar a norma.

Também, na esteira da Portaria revogada, a nova prevê que devem ser observados os seguintes procedimentos e regras para a feitura do acordo, além do prazo do parcelamento, quais sejam: o valor de cada parcela não poderá ser inferior a R$ 100,00 (cem reais); o número de parcelas será calculado segundo o critério de capacidade de pagamento, observado o limite de 60 meses em se tratando de crédito da União inferior a cem mil reais; inexistência, no caso concreto, de outro meio mais vantajoso ou célere para a União satisfazer o seu crédito; inexistência de vedação legal.

A Portaria também prevê a delegação de competências previstas na Lei nº 9.469/1997, antes combinada com a Portaria AGU nº 990 de 16/07/2009, agora nos termos do Decreto nº 10.201, de 15 de janeiro de 2020, e Portaria nº 173, de 15 de maio de 2020. O Decreto nº 10.201/2020 no seu art. 2º, §1º, vem estabelecer que a realização de acordos ou transações que envolvam créditos ou débitos com valor igual ou superior a R$ 50.000.000,00 (cinquenta milhões de reais) dependerá de prévia e expressa autorização do Advogado-Geral da União e do Ministro de Estado a cuja área de competência estiver afeto o assunto. Por sua vez, a Portaria nº 173, de 15 de maio de 2020, delega competência para autorizar a realização de acordos ou transações, no valor acima de 10.000.000 (dez milhões de reais) aos Procurador-Geral da União, Procurador-Geral-Federal, Procurador-Geral do Banco Central do Brasil, Procurador-Geral da Fazenda Nacional e ao Secretário-Geral de Contencioso, em suas áreas de atuação de créditos da União e autarquias.

33 Neste caso, basta acessar https://sapiens.**agu**.gov.br/**protocolo** e clicar na opção "Com Certificado Digital". Para quem não possui o dispositivo de assinatura **eletrônica** é necessário se dirigir à **AGU** para solicitar login e senha. O cadastro é feito em qualquer **protocolo** unificado da instituição.

O art. 63 da Portaria Normativa PGU n 01/2021 prevê que, no caso de competência das coordenações regionais, temos os seguintes limites de alçada: (1) até R$ 500.000,00 (quinhentos mil reais), pelo Advogado da União que atua diretamente na causa; (2) até R$ 5.000.000,00 (cinco milhões de reais), mediante prévia e expressa autorização do Coordenador Regional competente; e (3) até R$ 10.000.000,00 (dez milhões de reais), mediante prévia e expressa autorização do Procurador Regional da União; (4) em qualquer caso acima de R$ 10.000.000,00 (dez milhões de reais), mediante prévia e expressa autorização do Diretor do DPP/PGU.

A transação na cobrança da dívida ativa da União, das autarquias e das fundações públicas federais poderá ser proposta, respectivamente, pela Procuradoria-Geral da Fazenda Nacional e pela Procuradoria-Geral Federal, de forma individual ou por adesão, ou por iniciativa do devedor, ou pela Procuradoria-Geral da União, em relação aos créditos sob sua responsabilidade.[34]

No caso dos débitos tributários inscritos em dívida ativa da União cujo valor consolidado seja igual ou inferior a R$ 15.000.000,00 (quinze milhões de reais), a transação será realizada exclusivamente por adesão à proposta da Procuradoria-Geral da Fazenda Nacional, sendo autorizado, nesses casos, o não conhecimento de propostas individuais, nos termos do §1º do art. 4º da Portaria PGFN nº 9917, de 14 de abril de 2020.

A lei nº 13.988/2020, no que diz respeito ao crédito tributário, visa abarcar qualquer tipo de transação, mas o desconto somente é para os créditos irrecuperáveis ou de difícil recuperação. A crítica que se tem, porém, é que, para o contribuinte solvente e que está quite com o Fisco, não haveria vantagem na celebração da transação.

Nesse sentido, o objetivo da transação, como meio de resolução de disputas, não é alcançado em sua plenitude, pois não contempla a hipótese do contribuinte solvente, notadamente empresas, que estariam interessadas a aderir ao acordo para não ter que arcar com o custo de uma demora na resposta do Judiciário, que além de imprevisível em sua solução, tem resultado incerto na solução da lide, o que acarreta insegurança na vida e nos negócios. Por muitas vezes, o critério no aceite da transação é muito mais econômico do que jurídico, uma vez que se visa a redução de prejuízos e incertezas de uma decisão judicial.

A ausência de uma resposta rápida do Direito causa incerteza para as operações econômicas. O hiato entre o desempenho teórico do Judiciário e aquele observado na prática é uma das razões por que a ati-

34 Lei nº 13.988/2020, art. 10.

vidade econômica, por vezes, se organiza de formas não-canônicas, buscando reduzir custos de transação e preservar relações que envolvam investimentos específicos. Em especial, a impossibilidade de elaborar contratos suficientemente completos, a dificuldade de garantir a sua aplicação nos tribunais e o interesse das empresas em proteger relações de longo prazo do inevitável desgaste de uma demorada e imprevisível disputa judicial fazem com que a própria atividade econômica se organize de forma a evitar conflitos e permitir a adaptação dos contratos.[35]

Ademais, o tempo de julgamento no contencioso administrativo quanto no contencioso judicial prejudica inclusive o cumprimento espontâneo da arrecadação, o que pode significar redução ou adiamento de política pública.[36]

Nesse sentido, os mecanismos de transação permitem gerar meios mais adequados de comunicação entre a Administração e o Administrado de forma a gerar democracia. O acesso à justiça administrativa deve ser visto de uma forma mais ampla, e não pode significar apenas o acesso ao Poder Judiciário, mas igualmente às instituições e agências administrativas. A Justiça Administrativa ultrapassa a fronteira do Judiciário e leva para a esfera pública a solução igualmente de litígios, visando ao benefício tanto do cidadão quanto da Administração Pública.[37]

A Lei, nesse sentido, visa permitir não só uma maior arrecadação, mas que o contribuinte tenha maiores possibilidades de saldar sua dívida com o Fisco, dando por retorno o incremento no desenvolvimento econômico nacional.

Nesse contexto é que surge igualmente a ideia do cadastro positivo, com o *ranking* dos bons e maus contribuintes, como estímulo à transação bem como à contribuição ao Fisco. A pessoa que é boa contribuinte, está litigando com o Fisco, teria que ter algum benefício igualmente na transação. O desconto para quem não consegue ter crédito somente significa salvar quem está agonizando, o que é igualmente relevante para a saúde econômica, porém não prestigia o bom contribuinte. Diferenciar

---

35 ZYLBERSZTAJN, Decio; SZTAJN, Rachel. *Direito e economia*. Rio de Janeiro: Elsevier, 2005, p. 244.

36 RÊGO, Adriana Gomes. "Precisamos de um tratamento especial ao bom contribuinte". *Revista ETCO*- 20/07/2020. Disponível em < https://www.etco.org.br/publicacoes/revista-etco/revista-etco-edicao-25/precisamos-de-um-tratamento-especial-ao-bom-contribuinte/>. Acesso em: 04.fev.2021.

37 Sobre o tema, AFFONSO, Flavia Martins. *Acesso à justiça administrativa e o* Ombudsman. *Cidadão emancipado e efetividade do controle das instituições.* Tese de doutoramento em Direitos, Instituições e Negócios, Faculdade de Direito da Universidade Federal Fluminense- UFF. Niterói, 2020.

e dar um bom tratamento ao contribuinte tem papel educador, fazendo diferenciar aquele que comete erros do que sonega ou frauda.[38]

Observa-se que as Portarias que regulamentam a Lei nº 13.988/2020 são expressas em determinar que a transação nos termos da lei, e, por consequência, com os descontos nela disciplinados, somente pode ocorrer diante da inexistência de esvaziamento patrimonial fraudulento por parte do interessado (art. 1º, §1º da Portaria AGU nº 249/2020 e art. 90, §1º da Portaria Normativa PGU nº 01/2021).

No caso de dívida ativa não tributária, o art. 102 da Portaria Normativa PGU nº 01/2021 preceitua que o Advogado da União responsável pela proposta de transação analisará sua conformidade com a Lei nº 13.988, de 2020 e Portaria AGU nº 249, de 2020, inclusive sobre a inexistência de indícios de esvaziamento patrimonial fraudulento. Contudo, por vezes, tal análise depende de aprofundada investigação, o que pode representar um desestímulo real à feitura do acordo pelo procurador responsável, em razão de inexistência suficiente de provas.

Entretanto, deve se ressaltar que o art. 29 da Lei nº 13.988/2020 disciplina que os agentes públicos que participarem do processo de composição do conflito, judicial ou extrajudicialmente, com o objetivo de transação nos termos da lei somente poderão ser responsabilizados, inclusive perante os órgãos públicos de controle interno e externo, quando agirem com dolo ou fraude para obter vantagem indevida para si ou para outrem.

Especifica o mesmo diploma normativo, em seu art. 103, ser vedada a proposta de transação quando envolva: (i) a redução do montante principal do crédito; (ii) os créditos apurados em acordo de leniência e decorrentes da condenação, nos termos da Lei nº 12.846/2013; (iii) os créditos decorrentes de condenação pela prática de ato de improbidade administrativa ou de acordo de não persecução civil, nos termos da Lei nº 8.429/1992 e os créditos decorrentes de decisões da Justiça Eleitoral.

Os limites e requisitos impostos pela lei e a vinculação dos descontos a créditos irrecuperáveis ou de difícil recuperação podem ser obstáculos a sua eficácia social,[39] notadamente por existir outro regramento a

---

38 RÊGO, Adriana Gomes. *Op. Cit.*

39 A eficácia do Direito significa que os homens realmente se conduzem como, segundo as normas jurídicas, devem se conduzir, significa que as normas jurídicas são efetivamente aplicadas e obedecidas, diferente da validade do Direito, que significa que as normas jurídicas são obrigatórias, que os homens devem obedecer e aplicar a norma jurídica. KELSEN, Hans. *Teoria geral do direito e do Estado.* Trad. Luís Carlos Borges, 4ª ed. São Paulo: Martins Fontes, 2005, p. 55.

tratar da transação. Por sua recente publicação, ainda não conseguimos mensurar o grau em sua adesão.

É certo que a demora na execução, que se vale de busca de bens por métodos expropriatórios, acarreta por muitas vezes a inefetividade da medida, com retorno menor aos cofres públicos do que seria alcançado pela adesão do devedor aos métodos de transação e pagamento voluntário. Estamos a falar de verbas que estariam a ingressar nos cofres públicos como forma de desenvolvimento de políticas públicas e do estado de bem-estar social.

A transação é uma aposta do Estado com vistas à maior arrecadação ao mesmo tempo que deve estar associada ao estímulo e desenvolvimento econômico.

Ao apresentar o texto da agora lei, antes Medida Provisória, o objetivo do Executivo federal foi de acabar com a prática de se criar, de tempos em tempos, programas de parcelamento especiais, com concessão de prazos e descontos excessivos a todos aqueles que se enquadram na norma, mesmo aquele que tem plena capacidade de pagamento integral da dívida. O modelo tem por inspiração o instituto do *Offer in Compromise*, praticado pelos Estados Unidos, que considera a ótica do interesse da arrecadação e do interesse público.[40]

Conforme informação da *Internal Revenue Service- IRS*, parte do Departamento do Tesouro dos Estados Unidos da América que arrecada a maioria dos impostos devidos ao governo federal, incluindo imposto de renda, a *"Offer in compromise"* permite que se salde a dívida fiscal por menos do que o valor total devido, e representa uma hipótese legítima quando não se pode pagar todas as obrigações fiscais ou quando o pagamento na totalidade representa uma considerável dificuldade financeira. Considera-se, para essa transação, o conjunto pessoal de fatos e circunstâncias do devedor, analisando-se a capacidade para pagar, renda, as despesas e o patrimônio líquido. Aprova-se a "oferta de compromisso" quando o valor oferecido representa o máximo que se pode esperar receber em um período razoável.[41]

---

40 BRASIL. SENADO FEDERAL. *Lei que regulamenta negociação de dívida tributária com a União é sancionada.* Disponível em < https://www12.senado.leg.br/noticias/materias/2020/04/15/lei-que-regulamenta-negociacao-de-divida-tributaria-com-a-uniao-e-sancionada>. Acesso em 17.02.2021.

41 UNITED STATES GOVERNMENT. IRS. *Offer in Compromise.* Disponível em https://www.irs.gov/payments/offer-in-compromise>. Acesso em: 17.02.2021.

A carteira de créditos irrecuperáveis ou de difícil recuperação, que poderá ser objeto da transação, é de cerca de R$1,4 trilhão, superior à metade do estoque da dívida ativa da União.[42]

5. Conclusão

Nos termos da Lei aprovada, a partir de agora a concessão de benefícios fiscais somente poderá ocorrer em caso de comprovada necessidade e mediante avaliação da capacidade contributiva de cada contribuinte. Os descontos não poderão incidir sobre o valor principal original da dívida corrigido, mas somente sobre multas, juros de mora e encargos legais.

As dívidas que podem ser objeto de transação são aquelas junto à Receita Federal ainda não judicializadas, as de competência da Procuradoria-Geral da Fazenda Nacional (PGFN), da Procuradoria-Geral Federal (PGF) e da Procuradoria-Geral da União (PGU), estando, portanto, também incluídas as dívidas de natureza não tributária. No caso dessas últimas, somente haverá regência da lei em caso de dívidas de difícil recuperação ou irrecuperáveis; do contrário, a transação observará os requisitos da Lei nº 9.469/1997.

Quando dos créditos tributários da União, a lei regula a transação em todas as hipóteses, restringindo porém às hipótese dos descontos de até 50% ou até 70% àqueles classificados de difícil recuperação, com *rating* C ou D da Dívida Ativa da União.

O modelo se baseia na *"Offer in compromisse"*, nos Estados Unidos, que, na busca de uma maior arrecadação, condiciona o desconto na transação no máximo que pode se esperar receber em um período de tempo razoável, por meio da análise das condições e circunstâncias pessoas do devedor, como capacidade de pagamento, renda, despesas, patrimônio líquido.

Por sua vez, para o contribuinte, além do parcelamento e redução do valor, incentivo à sua recuperação e regularização junto à União.

Referências bibliográficas

AFFONSO, Flavia Martins. *Acesso à justiça administrativa e o* Ombudsman. *Cidadão emancipado e efetividade do controle das instituições.* Tese de doutoramento em Direitos, Instituições e Negócios, Faculdade de Direito da Universidade Federal Fluminense- UFF. Niterói, 2020.

42 *Ibidem.*

ANDREWS, Neil. *The three paths of justice*: court proceedings, arbitration and mediation. Londres: Springer, 2012.

BRASIL. SENADO FEDERAL. *Lei que regulamenta negociação de dívida tributária com a União é sancionada.* Disponível em < https://www12.senado.leg.br/noticias/materias/2020/04/15/lei-que-regulamenta-negociacao-de-divida-tributaria-com-a-uniao-e-sancionada>. Acesso em 17.02.2021.

CURY, Cesar. Um modelo transdisciplinar de solução de conflitos: Direito e tecnologia no processo de recuperação judicial no *leading case* Oi S/A. In: *Inteligência Artificial e Direito Processual*: Os impactos da virada tecnológica no direito processual. Coordenadores Dierle Nunes, Paulo Henrique dos Santos Lucon, Erik Navarro Wolkart. Salvador: Editora *JusPodivm*, 2020.

GRECO, Leonardo. *Instituições de processo civi*l. 5. ed. Rio de Janeiro: Forense, 2015, v. I, p. 9.

GRINOVER, Ada Pelegrini. *Ensaio sobre a processualidade*: fundamentos para uma nova teoria geral do processo. São Paulo: Gazeta Jurídica, 2016.

KELSEN, Hans. *Teoria geral do direito e do Estado*. Trad. Luís Carlos Borges, 4ª ed. São Paulo: Martins Fontes, 2005

LAZARO, Rodrigo. A transação tributária esperada após a Lei nº 13.998/2020. *Revista Jus Navigandi.* Disponível em < https://jus.com.br/artigos/81409/a-transacao-tributaria-esperada-apos-a-lei-13-998-2020>. Acesso em 20.01.2021

LESSA NETO, João Luiz. O novo CPC adotou o modelo multiportas!!! E agora?! *Revista de Processo.* São Paulo: Revista dos Tribunais. v. 244, jun. 2015.

MELLO PORTO, José Roberto Sotero. PINHO, Humberto Dalla Bernardina de Pinho. *Manual da Tutela Coletiva.* No prelo.

PEPE, Rafael Gaia. RODRIGUES, Marco Antonio. Ela, a transação fiscal, vista por nós, advogados públicos. *Jota. Tribuna da Advocacia Pública.* Disponível em: https://www.jota.info/opiniao-e-analise/colunas/tribuna-da-advocacia-publica/ela-a-transacao-fiscal-vista-por-nos-os-advogados-publicos-09052020. Acesso em 22 maio de 2020.

PINHO, Humberto Dalla Bernardina de. *Jurisdição e pacificação*: limites e possibilidades do uso dos meios consensuais de resolução de conflitos na tutela dos direitos transindividuais e pluri-individuais. Curitiba: CRV, 2017.

PINHO, Humberto Dalla Bernardina de. MAZZOLA, Marcelo. *Manual de mediação e arbitragem*. São Paulo: Saraiva Educação, 2019, p. 141.

PINHO, Humberto Dalla Bernadina de. STANCATI, Maria Martins Silva. A ressignificação do princípio do acesso à justiça à luz do art. 3º do Código de Processo Civil de 2015. *Revista de Processo*. São Paulo: v. 41, nº 254, pp.17-44, abr. 2016.

PINHO, Humberto Dalla Bernardina de; PAUMGARTTEN, Michele Pedrosa. Mediação Obrigatória: Um oximoro jurídico e mero placebo para a crise do acesso à justiça. In: ENCONTRO NACIONAL CONPEDI, 21, 2012, Uberlândia. pp.414-437. Disponível em: <http://www.humbertodalla.pro.br/arquivos/mediacao_obrigatoria_conpedi.pdf>.

PONTES, Daniel de Oliveira. *Mutações no interesse de agir à luz do direito processual civil brasileiro*. Rio de Janeiro: Lumen Juris, 2019, pp.129-130.

RÊGO, Adriana Gomes. "Precisamos de um tratamento especial ao bom contribuinte". *Revista ETCO*- 20/07/2020. Disponível em < https://www.etco.org.br/publicacoes/revista-etco/revista-etco-edicao-25/precisamos-de-um-tratamento-especial-ao-bom-contribuinte/>. Acesso em: 04.fev.2021.

SPENGLER, Fabiana Marion; GHISLENI, Ana Carolina. *A Mediação como meio de construção de uma Administração Pública Democrática*. In: Novos Estudos Jurídicos. Disponível em: www.univali.br/periodicos. Acesso em 19 fev. 2021.

RODRIGUES, Roberto de Aragão Ribeiro. *Precedente formado em casos repetitivos*: eficácia, *issue preclusion* e as teses jurídicas prejudiciais. Curitiba: Juruá, 2017.

RODRIGUES, Roberto de Aragão Ribeiro. STRÄTZ, Murilo. O papel da Advocacia-Geral da União (AGU) no Sistema Multiportas: a transação referendada pela AGU necessita de homologação judicial para que ostente plena exequibilidade? *REVISTA MAGISTER DE DIREITO CIVIL E PROCESSUAL CIVIL*, v. 86, 2018.

UNITED STATES GOVERNMENT. IRS. *Offer in Compromise.* Disponível em https://www.irs.gov/payments/offer-in-compromise>. Acesso em: 17.02.2021.

ZYLBERSZTAJN, Decio; SZTAJN, Rachel. *Direito e economia*. Rio de Janeiro: Elsevier, 2005.

RECUPERAÇÃO DE ATIVOS DECORRENTES DE ATOS DE IMPROBIDADE ADMINISTRATIVA

Guilherme Kronemberg Hartmann[1]

A Lei de Improbidade Administrativa (Lei nº 8.429/1992) sofreu profunda alteração pela Lei nº 14.230, de 25/10/2021, já em vigor. O presente trabalho pretende examinar os principais tópicos relacionados à recuperação de ativos decorrentes de atos de improbidade administrativa no contexto pré-reforma; e em relato e prognose de efetividade das modificações introduzidas pelo legislador reformista.

1. Definição e contornos da improbidade administrativa e sua tutela judicial

É possível associar o sentido das expressões "moralidade" e "probidade", até porque a primeira foi tratada como princípio da Administração Pública (art. 37, *caput*, CRFB), e o inverso da segunda, a "improbidade", como lesão a este mesmo princípio (art. 37, § 4º, CRFB).

Tendo como norma de regência a Lei nº 8.429/1992 - LIA, a improbidade administrativa relata o comportamento inadequado, reprovável, violador da honestidade e lealdade esperadas no trato da coisa pública, incluída a infração de seus princípios setoriais de administração. Tal conceito é bem recebido pela lógica da recente reforma legislativa, que passa a exigir o *dolo* - vontade livre e consciente do agente de alcançar o resultado ilícito tipificado - como requisito para sua configuração (art. 1º, parágrafo único 1º e 2º, Lei nº 8.429/1992, incluídos pela Lei nº 14.230/2021);[2] tendo também investido contra a ocorrência de improbidade administrativa quando vislumbrado o mero descaso com a

---

1 Doutor e Mestre em Direito Processual (UERJ); Professor Adjunto de Direito Processual Civil (UFRJ); Professor em sede de Pós-graduação (AMPERJ, CEPED-UERJ, EMERJ, FEMPERJ); Ex-Coordenador do Escritório Modelo Cível da UERJ; Advogado. www.hartmannadv.com.br / @guilhermekhartmann

2 Constou a seguinte argumentação no Relatório Final da Comissão Especial destinada a proferir parecer quanto ao respectivo Projeto de Lei nº 10.887/2018, cujo documento é assinado pelo Deputado Carlos Zarattini (p.8): "A extirpação da modalidade culposa da improbidade administrativa é extremamente necessária na medida em que ações negligentes, imprudentes ou imperitas, ainda que causem danos materiais ao Estado, não podem ser enquadradas como atos de improbidade, pois lhes falta o elemento de desonestidade". Disponível em: < https://www.camara.leg.br/proposicoesWeb/prop_mostrarintegra?codteor=2028078 >. Acesso em: 15 Outubro 2021.

coisa pública (*v.g.*, revogação do inciso II, do art. 11, Lei nº 8.429/1992, que indicava o ato de "*retardar ou deixar de praticar, indevidamente, ato de ofício*").

Embora o conceito legal de improbidade administrativa seja um tanto impreciso, vê-se claramente que o intuito do constituinte e do legislador foi buscar um *adequado gerenciamento do patrimônio público*.[3] A defesa da coisa pública constitui um interesse jurídico titularizado por toda a sociedade, sendo daí enquadrado como um *direito difuso* (vide art. 81, parágrafo único, I, CDC), já que seus sujeitos são indeterminados e seu objeto é incindível.

Cabe pontuar que outros diplomas atuam conjuntamente em combate à improbidade administrativa, guardando certa identidade de propósitos,[4] ou seja, perfilham a ideologia de coibir atos lesivos ao erário, como se apura na ação popular (art. 5º, LXXIII, CRFB) e na ação civil pública (art. 129, III, CRFB c/c art. 1º, VIII, Lei nº 7.347/1985), no que concerne à pretensão de reparar os danos.[5]

Entretanto, a ação de improbidade administrativa delas se diferencia pela peculiaridade do seu objeto imediato, pois não busca unicamente preservar ou recompor o patrimônio público ou a higidez dos atos da administração, mas, fundamentalmente, *punir os responsáveis por ilícito de improbidade*,[6] ou seja, aplicar sanções punitivas de caráter pes-

---

3 Na nova dicção normativa: "*O sistema de responsabilização por atos de improbidade administrativa tutelará a probidade na organização do Estado e no exercício de suas funções, como forma de assegurar a integridade do patrimônio público e social, nos termos desta Lei*" (art. 1º, Lei nº 8.429/1992, com redação dada pela Lei nº 14.230/2021).

4 Em verdade, temos um verdadeiro microssistema processual coletivo em nosso sistema jurídico, um servindo ao outro, sempre em prol do acesso à justiça, guardadas as suas peculiaridades: "*6. Ademais, o STJ possui entendimento segundo o qual, por força do princípio da integração, as Leis 4.717/1965, 7.347/1985, 8.078/1990 e 8.429/1992, dentre outras, compõem um microssistema processual coletivo, com o objetivo de propiciar uma adequada e efetiva tutela dos bens jurídicos por elas protegidos*" (STJ - REsp 1.788.797/MS, 2ª Turma, Rel. Min. Herman Benjamin, j. 05/11/2019).

5 Sobre o cabimento da ação civil pública no campo da improbidade administrativa, confira-se GARCIA, Emerson; ALVES, Rogério Pacheco. *Improbidade administrativa*. 9 ed. São Paulo: Saraiva, 2017: "Se considerarmos que a Lei n. 8429/92 compõe, ao lado de outros instrumentos constitucionais e infraconstitucionais, o amplo sistema de tutela do patrimônio público, interesse difuso, a possibilidade de manejo da ação civil pública na seara da improbidade, quer pelo Ministério Público, quer pelos demais legitimados, torna-se clara" (p. 924).

6 Dissertando sobre a ação de improbidade administrativa, trata-se de "ação com caráter eminentemente repressivo, destinada, mais que a tutelar direitos, a aplicar

soal (função repressiva), como claramente expõe a lei alterada (art. 17, *caput*, Lei nº 8.429/1992, com redação dada pela Lei nº 14.230/2021). Em suma, a ação de improbidade administrativa tem como primado a aplicação de penalidades – *v.g.*, suspensão dos direitos políticos (art. 15, V, CRFB), a perda da função pública, além da indisponibilidade dos bens e o ressarcimento ao erário (art. 37, § 4º, CRFB) –, embora também tenha o objetivo de recompor patrimônios.[7]

Assim, pode-se dizer que a ação de improbidade administrativa tem uma dupla face: repressiva punitiva; e repressiva ressarcitória. O pleito ressarcitório constitui sanção de cunho genérico que não exigiria sequer a elaboração da LIA, não sendo, pois, causa determinante de sua edição. Com efeito, na ação de improbidade administrativa tida como "típica", na qual se segue o procedimento formal da lei específica, o pedido de ressarcimento de danos se apresenta como efeito secundário necessário da punição pelo ato de ímprobo (*v.g.*, a ação de improbidade administrativa não comportaria, assim, pedido isolado de ressarcimento de danos, o que deveria vir pela ação civil pública ou ação popular).

Entretanto, "improbidade administrativa" não é crime; pois a LIA tem *natureza cível*, sendo que as sanções ali delimitadas não têm natureza penal, inclusive pela expressão constitucional (art. 37, § 4º, CRFB: "*sem prejuízo da ação penal cabível*") – apesar de que as condutas ali descritas possam se enquadrar, simultaneamente, no conceito de crime, sancionáveis pelo Código Penal ou por outra norma de natureza penal (*v.g.*, crime de responsabilidade do Presidente da República pela prática de ato que viole a probidade administrativa, vide art. 85, V, CRFB); tanto é que o Ministério Público, de ofício ou a requerimento, poderá requisitar a instauração de inquérito policial (art. 22, Lei nº 8.429/1992).

Ademais, as sanções da LIA têm identidade, do ponto de vista substancial, com àquelas decorrentes de ilícitos penais ou mesmo ad-

penalidades. Sob esse aspecto, ela é marcadamente diferente da ação civil pública e da ação popular. Todavia, há entre elas um ponto comum de identidade: as três, direta ou indiretamente, servem ao objeto maior e superior de tutelar o direito transindividual e democrático a um governo probo e a uma administração pública eficiente e honesta" (ZAVASCKI, Teori Albino. *Processo coletivo*: tutela de direitos coletivos e tutela coletiva de direitos. 3 ed. São Paulo: RT, 2008, p. 111).

7 Valendo a ressalva de que se o julgador atestar o descabimento de imposição das sanções aos agentes incluídos no polo passivo da ação de improbidade administrativa, poderá, motivadamente, realizar a *conversão desta em ação civil pública*, justamente em cumprimento do escopo dominante de cada um dos procedimentos (art. 17, § 16, Lei nº 8.429/1992, com redação dada pela Lei nº 14.230/2021).

ministrativos (*v.g.*, perda de bens, suspensão de direitos e multa, vide art. 5º, XLVI, CRFB).[8] Por isso, o legislador reformista procurou remediar a questão da condenação do investigado nas várias instâncias independentes (criminal, civil, e administrativa), criando diretrizes que permitam: (i) dedução do valor de ressarcimento já ocorrido quando fundado nos mesmos fatos (art. 12, § 6º, Lei nº 8.429/1992, incluído pela Lei nº 14.230/2021); (ii) observância do princípio constitucional do *non bis in idem* nas sanções aplicáveis na LIA e na Lei nº 12.846/2013 (art. 12, § 7º, Lei nº 8.429/1992, incluído pela Lei nº 14.230/2021); (iii) unificação das sanções aplicadas em outros processos (art. 18-A, Lei nº 8.429/1992, incluído pela Lei nº 14.230/2021); e, finalmente, (iv) compensação de sanções aplicadas em diversas esferas (art. 21, § 5º, Lei nº 8.429/1992, incluído pela Lei nº 14.230/2021).

2. Ressarcimento integral do dano

Aquele que causa dano a outrem tem o dever de repará-lo (arts. 186/187 e 927, CC), o que ganha maior relevo no caso de lesão ao patrimônio público (arts. 12; 16, *caput* e § 10; 17-B, Lei nº 8.429/1992, com redação ou incluídos pela Lei nº 14.230/2021). Em adoção do princípio da reparação integral (art. 944, CC), o ressarcimento do dano implica no acréscimo de atualização monetária e juros de mora.[9]

A legislação não mais qualifica o ressarcimento integral do dano patrimonial como uma cominação decorrente do reconhecimento da prática dos atos de improbidade administrativa (art. 12, I, II e III, Lei nº 8.429/1992, na redação dada pela Lei nº 14.230/2021), justamente

---

8 Não há dúvida que as sanções aplicáveis aos atos de improbidade, previstas na Lei 8.429/92, não têm natureza penal. Todavia, há inúmeros pontos de identidade entre as duas espécies, seja quanto à função (que é punitiva e com finalidade pedagógica e intimidatória, visando a inibir novas infrações), seja quanto ao conteúdo. Com efeito, não há qualquer diferença entre a perda da função pública ou a suspensão dos direitos políticos ou a imposição de multa pecuniária, quando decorrente de ilícito penal ou administrativo. (..). A rigor, a única diferença se situa em plano puramente jurídico, relacionado com efeitos da condenação em face de futuras infrações: a condenação criminal, ao contrário da não criminal, produz as conseqüências próprias do antecedente e da perda da primariedade, que podem redundar em futuro agravamento de penas, ou indiretamente, em aplicação da pena privativa de liberdade" (ZAVASCKI, Teori Albino. *Processo coletivo*: tutela de direitos coletivos e tutela coletiva de direitos. 3 ed. São Paulo: RT, 2008, pp.115/116).

9 Verbete sumular nº 43, STJ: "*Incide correção monetária sobre dívida de ato ilícito a partir da data do efetivo prejuízo*".

porque tal circunstância configura mera recomposição do *status quo*, e não verdadeira sanção ao ímprobo.

Desta ilação, a jurisprudência da Corte Superior construiu a exegese de que a procedência da ação de improbidade administrativa deve resultar na imposição de diversa sanção *além da condenação à reparação dos danos*.[10] Na lei reformada, a intransigência com o ressarcimento do dano é vista na impossibilidade de o julgador dispensá-lo mesmo em se tratando de prática de ato de menor potencial ofensivo (art. 17, § 5º, Lei nº 8.429/1992, incluído pela Lei nº 14.230/2021).

Aliás, tanto é o intuito de prestigiar o ressarcimento de prejuízos ao erário que tal pretensão é tida como *imprescritível* por norma de índole constitucional (art. 37, § 5º, CRFB).

3. Perda de bens e valores acrescidos ilicitamente ao patrimônio

Com o objetivo de inibir o enriquecimento ilícito, o agente público ou terceiro beneficiário se sujeitam a perder os bens ou valores acrescidos impropriamente ao seu patrimônio, cujo regramento tem suporte constitucional (art. 5º, XLVI, "b", CRFB).

A evolução patrimonial deve ser contemporânea à atividade do agente público, de modo incompatível com a remuneração deste, atrelando-se a uma atuação ilícita. Nessa racionalidade, em *controle preventivo* da prática de atos de improbidade administrativa que gerem enriquecimento ilícito do agente público, a legislação de regência impõe que a posse e o exercício da função pública fiquem condicionados à apresentação de declaração de imposto de renda e proventos de qualquer natureza, que tenha sido apresentada à Secretaria Especial da Receita Federal do Brasil, a fim de ser arquivada no serviço de pessoal competente (art. 13, Lei nº 8.429/1992); devendo ser atualizada anualmente, bem como na data em que o agente público deixar o exercício do mandato, do cargo, do emprego ou da função (art. 13, § 2º, Lei nº 8.429/1992).

---

10 *"1. De acordo com a jurisprudência do STJ, 'O ressarcimento não constitui sanção propriamente dita, mas sim consequência necessária do prejuízo causado. Caracterizada a improbidade administrativa por dano ao Erário, a devolução dos valores é imperiosa e deve vir acompanhada de pelo menos uma das sanções legais previstas no art. 12 da Lei n. 8.429/1992' (..) 2. Com efeito, determinar que os réus procedam unicamente à reparação do dano, deixando de condená-los a uma das sanções previstas no art. 12 da Lei de Improbidade Administrativa, equivaleria a deixá-los sem qualquer punição pela prática do ato ímprobo. Em outras palavras, a imposição isolada do ressarcimento ao erário acabaria por retirar o caráter pedagógico e preventivo da norma"* (STJ - AgInt no REsp 1.839.345/MG, 1ª Turma, Rel. Min. Sérgio Kukina, j. 24/08/2020).

Caso verificado o enriquecimento ilícito decorrente da improbidade administrativa, não haverá liberdade judicial para desobrigar o agente ímprobo desta condenação em perda de bens e valores dali decorrentes.[11] É o que expõe o legislador, inclusive, ao dispor que a sanção pela prática de ato de improbidade administrativa pode se limitar à aplicação de multa, quando apurada menor ofensa aos bens jurídicos tutelados pela lei, *sem prejuízo* do ressarcimento do dano e da perda dos valores obtidos (art. 17, § 5º, Lei nº 8.429/1992, incluído pela Lei nº 14.230/2021).

A procedência do pedido inicial reflete na *reversão* dos bens em favor da pessoa jurídica lesada pelo ilícito (art. 18, Lei nº 8.429/1992), ainda que não sejam originários do patrimônio público, devendo ser incorporados ao erário. Ecoa, assim, uma exceção à destinação dos recursos ao fundo coletivo (art. 13, Lei nº 7.347/1985). Na impossibilidade de devolução do bem (substrato deflagrador e resultado do ato de improbidade), haverá conversão em obrigação pecuniária (lógica do art. 499, CPC).

4. Indisponibilidade de bens

Resta prevista a possibilidade de determinação de indisponibilidade dos bens mediante a demonstração no caso concreto de perigo de dano irreparável ou de risco ao resultado útil do processo, desde que o juiz se convença da probabilidade da ocorrência dos atos descritos na petição inicial (art. 16, Lei nº 8.429/1992, com redação dada pela Lei nº 14.230/2021). Não se trata de uma sanção, mas, antes disso, de um meio para assegurar a eficácia do ressarcimento do dano ou da recomposição decorrente do acréscimo patrimonial resultado de enriquecimento ilícito. Inexiste fixação legal de valor mínimo para ser possível a decretação da referida indisponibilidade.

---

11 "Registre-se que a condenação do réu ao ressarcimento integral do dano e o perdimento de bens e valores acrescidos ilicitamente ao patrimônio não têm natureza sancionatória, representando diferentes espécies de reparação do patrimônio público. Desse modo, nesses dois casos não há qualquer liberdade concedida ao órgão julgador, que, sempre que presentes os requisitos objetivos de responsabilidade civil do réu, será obrigado a condená-lo. São somente as genuínas penas previstas pelo art. 12 (perda da função pública, suspensão dos direitos políticos, multa civil e proibição de contratar com o Poder Público e dele receber incentivos e benefícios fiscais e creditícios) que serão aplicadas a partir de uma análise de razoabilidade e proporcionalidade" (OLIVEIRA, Rafael Carvalho Rezende. *Curso de Direito Administrativo*. 6 ed. Rio de Janeiro: Forense, 2018, p. 919).

Um ponto importante é que o legislador reformista supera a exegese jurisprudencial de que o o *periculum in mora* estaria *implícito* no comando legislativo autorizativo da medida, sob o argumento de que o regramento deve militar em prol da sociedade, tendo em mente a gravidade dos fatos[12] - o que aproximaria o decreto de indisponibilidade de uma tutela de evidência (art. 311, CPC),[13] justamente por dispensar a comprovação de dilapidação iminente ou efetiva do patrimônio do legitimado passivo.[14] Agora, temos o regramento expresso de que *a urgência não pode ser presumida* (art. 16, § 4º, *in fine*, Lei nº 8.429/1992, incluído pela Lei nº 14.230/2021), em evolução que pode comprometer a eficácia desta medida assecuratória e não satisfativa.

É possível a decretação desta medida nos autos da ação de improbidade administrativa *sem a audiência da parte adversa*, embora o legislador tenha ditado a excepcionalidade do contraditório apenas postergado (art. 16, § 4º, Lei nº 8.429/1992, incluído pela Lei nº 14.230/2021).[15]

---

12 "A LIA, diante dos velozes tráfegos, ocultamento ou dilapidação patrimoniais, possibilitados por instrumentos tecnológicos de comunicação de danos que tornaria irreversível o ressarcimento ao erário e devolução do produto do enriquecimento ilícito por prática de ato ímprobo, buscou dar efetividade à norma afastando o requisito da demonstração do *periculum in mora* (art. 300 do CPC), este, intrínseco a toda medida cautelar sumária, admitindo que tal requisito seja presumido à preambular garantia de recuperação do patrimônio do público, da coletividade, bem assim do acréscimo patrimonial ilegalmente auferido" (BASTOS, Fabrício. *Curso de processo coletivo*. Indaiatuba: Editora Foco, 2018, p. 366).

13 Nesse sentido: BEDAQUE, José Roberto dos Santos. Tutela jurisdicional cautelar e atos de improbidade. In: BUENO, Cássio Scarpinella; PORTO FILHO, Pedro Paulo de Rezende (coords.). *Improbidade administrativa* - questões polêmicas e atuais. 2 ed. São Paulo: Atlas, 2015, p. 280.

14 "*Recurso especial repetitivo (..) 2. Em questão está a exegese do art. 7º da Lei n. 8.429/1992 e a possibilidade de o juízo decretar, cautelarmente, a indisponibilidade de bens do demandado quando presentes fortes indícios de responsabilidade pela prática de ato ímprobo que cause dano ao Erário. (..) 5. Portanto, a medida cautelar em exame, própria das ações regidas pela Lei de Improbidade Administrativa, não está condicionada à comprovação de que o réu esteja dilapidando seu patrimônio, ou na iminência de fazê-lo, tendo em vista que o periculum in mora encontra-se implícito no comando legal que rege, de forma peculiar, o sistema de cautelaridade na ação de improbidade administrativa, sendo possível ao juízo que preside a referida ação, fundamentadamente, decretar a indisponibilidade de bens do demandado, quando presentes fortes indícios da prática de atos de improbidade administrativa*" (STJ – REsp 1.366.721/BA, 1ª Seção, Rel. Min. Og Fernandes, j. 26/02/2014).

15 "*1. O STJ possui orientação pacífica no sentido de que nas ações de improbidade administrativa a medida cautelar de indisponibilidade de bens pode ser decretada inaudita altera pars. Precedentes*" (STJ - AgInt no REsp 1.522.656/MT, 1ª Turma, Rel. Min. Gurgel de Faria, j. 09/03/2017).

Entendia-se a jurisprudência que seu patamar deveria incluir, inclusive, o valor potencial da multa a ser imputada,[16] algo que, entretanto, foi rejeitado pelo legislador reformista (art. 16, § 10, Lei nº 8.429/1992, com redação dada pela Lei nº 14.230/2021). Também era sedimentado que a indisponibilidade poderia recair sobre bens adquiridos *antes do fato descrito na inicial*, pois a medida revela garantia de futura execução em caso de constatação do ato ímprobo;[17] porém, passamos a ter regra expressa limitadora de sua não incidência sobre o acréscimo patrimonial decorrente de atividade lícita (art. 16, § 10, *in fine*, Lei nº 8.429/1992, com redação dada pela Lei nº 14.230/2021), o que insere uma conjuntura fática dificultosa da medida.

Outro entendimento que ruiu é de que a caracterização de único *bem de residência* do agente acusado de improbidade administrativa não impediria a medida de indisponibilidade, justamente porque esta provoca apenas a limitação de eventual alienação do bem. Em outras palavras: torná-lo indisponível não teria o significado de expropriá-lo.[18] O assunto ganha corpo pelo fato de o legislador ter afastado a impenhorabilidade do bem de residência quando adquirido com produto de crime ou execução de sentença penal condenatória (art. 3º, VI, Lei nº 8.009/1990). É sabida

---

16 *"A indisponibilidade de bens deve recair sobre o patrimônio dos réus em ação de improbidade administrativa de modo suficiente a garantir o integral ressarcimento de eventual prejuízo ao erário, levando-se em consideração, ainda, o valor de possível multa civil como sanção autônoma"* (STJ – REsp 1.529.688/SP, 1ª Turma, Rel. Min. Benedito Gonçalves, j. 09/08/2016).

17 *"3. A jurisprudência do STJ é firme no sentido de que, nas demandas por improbidade administrativa, a decretação de indisponibilidade prevista no art. 7º, parágrafo único, da LIA não depende da individualização dos bens pelo Parquet, podendo recair sobre aqueles adquiridos antes ou depois dos fatos descritos na inicial, bem como sobre bens de família"* (STJ – REsp 1.287.422/SE, 2ª Turma, Rel. Min. Eliana Calmon, j. 15/08/2013).

18 "*3.* É que o art. 7º da Lei 8429/92 é textual quanto à essa autorização; verbis: (..) 4. Deveras, a indisponibilidade sub examine atinge o bem de família quer por força da mens legis do inciso VI do art. 3º da Lei de Improbidade, quer pelo fato de que torna indisponível o bem; não significa expropriá-lo, o que conspira em prol dos propósitos da Lei 8.009/90. 5. A fortiori, o eventual caráter de bem de família dos imóveis nada interfere na determinação de sua indisponibilidade. Não se trata de penhora, mas, ao contrário, de impossibilidade de alienação, mormente porque a Lei nº 8.009/90 visa a resguardar o lugar onde se estabelece o lar, impedindo a alienação do bem onde se estabelece a residência familiar. No caso, o perigo de alienação, para o agravante, não existe. Ao contrário, a indisponibilidade objetiva justamente impedir que o imóvel seja alienado e, caso seja julgado procedente o pedido formulado contra o agravante na ação de improbidade, assegurar o ressarcimento dos danos que porventura tenham sido causados ao erário" (STJ – REsp 806.301/PR, 1ª Turma, Rel. Min. Luiz Fux, j. 11/12/2007).

a natureza cível da ação de improbidade administrativa, o que tornaria inaplicável a exceção de impenhorabilidade; contudo, pode ser apurado que o ato de improbidade administrativa foi criminoso, sendo possível sua penhora e, por simetria, também a referida indisponibilidade cautelar. Na legislação atual, vê-se vedada a decretação de indisponibilidade do bem de família do réu, salvo se comprovado que o imóvel seja fruto de vantagem patrimonial indevida, conforme descrito no art. 9º desta Lei (art. 16, § 14, Lei nº 8.429/1992, incluído pela Lei nº 14.230/2021).

Além disso, em regramento não elogiável por afrontar a lógica de efetividade decorrente da liquidez do dinheiro (vide art. 835, § 1º, CPC), fez-se previsão de que a indisponibilidade deve recair, em último caso (inexistindo outros bens), sobre contas bancárias, de forma a garantir a subsistência do acusado e a manutenção da atividade empresária ao longo do processo (art. 16, § 11, Lei nº 8.429/1992 incluído pela Lei nº 14.230/2021).

5. Sequestro de bens

O sequestro constitui *medida cautelar* (art. 301, CPC), igualmente voltada para *garantir a frutuosidade da "sanção" de cunho pecuniário*, sendo exigida a comprovação dos requisitos do *fumus boni iuris* e do *periculum in mora* (art. 300, CPC). A (antiga) polêmica sobre a natureza desta medida se associar propriamente ao arresto - pois envolvido o intuito de garantir a eficácia de futura execução por quantia certa, e não de futura execução de entrega de coisa - perde o sentido atualmente, tendo em vista a supressão das cautelares inominadas pelo CPC/2015, o qual prevê um procedimento cautelar comum para ambas as medidas.[19]

Fato é que o legislador reformista optou por excluir o instituto na LIA (alteração do art. 16, Lei nº 8.429/1992, na redação da Lei nº 14.230/2021). De toda sorte, não há impeditivo para a adoção de medidas cautelares em sede de improbidade administrativa, sob o rótulo da indisponibilidade de bens,[20] inclusive no sentido de investigação, exame e bloqueio de bens, contas bancárias e aplicações financeiras mantidas pelo indiciado no exterior, nos termos da lei e dos tratados internacionais (art. 16, § 2º, Lei nº 8.429/1992, incluído pela Lei nº 14.230/2021)

19 NEVES, Daniel Amorim Assumpção. *Manual do processo coletivo*: volume único. 3 ed. Salvador: JusPodivm, 2016, p. 439.

20 Em diferenciação das medidas de sequestro e de indisponibilidade dos bens, pode-se apartar a necessidade, no primeiro caso, de individualização dos bens sobre os quais recairá a constrição judicial.

- o que faz cognoscível que a evolução da cooperação judiciária internacional muito poderá contribuir para tal desiderato.[21]

6. Concessão de medidas cautelares atípicas

O sistema processual vigente consagra o *princípio da aticipidade dos meios executivos* (arts. 139, IV; 297; e 536, § 1º, CPC), sendo possível ao julgador se valer de medidas executivas típicas - previstas lei (*v.g.*, penhora de bens do devedor) - ou atípicas - sem previsão normativa (*v.g.*, formas aflitivas pessoais, como a retenção de passaporte ou de carteira de motorista de devedor) -, para fins de satisfação da obrigação contida no título.

A previsão normativa, entretanto, não autoriza a adoção indiscriminada de qualquer técnica satisfativa, independentemente de balizas ou meios de controle efetivos. As medidas executivas atípicas somente têm cabimento de forma subsidiária, mediante contraditório prévio ou postergado, com adequada fundamentação vinculada ao caso concreto, na qual se irá examinar a proporcionalidade da ferramenta a ser empregada.[22]

---

21 Segue-se a tendência internacional de amplo fomento à cooperação de pessoas envolvidas com a prática do ilícito. A própria Convenção nas Nações Unidas de Combate à Corrupção (Convenção de Mérida), assinada pelo Brasil em 2003, sendo aprovada e promulgada pelos Decretos nº 348/2005 e nº 5.687/2006, respectivamente, estimula tal cooperação, ao dispor em seu 37, item 1, que: "*Cada Estado Parte adotará as medidas apropriadas para restabelecer as pessoas que participem ou que tenham participado na prática dos delitos qualificados de acordo com a presente Convenção que proporcionem às autoridades competentes informação útil com fins investigativos e probatórios e as que lhes prestem ajuda efetiva e concreta que possa contribuir a privar os criminosos do produto do delito, assim como recuperar esse produto*".

22 "*7. A adoção de meios executivos atípicos é cabível desde que, verificando-se a existência de indícios de que o devedor possua patrimônio expropriável, tais medidas sejam adotadas de modo subsidiário, por meio de decisão que contenha fundamentação adequada às especificidades da hipótese concreta, com observância do contraditório substancial e do postulado da proporcionalidade. 8. Situação concreta em que o Tribunal a quo demonstra que há sinais de que o devedor esteja ocultando patrimônio. 9. Dada as peculiaridades do caso concreto, e tendo em vista que i) há a existência de indícios de que o recorrente possua patrimônio apto a cumprir com a obrigação a ele imposta; ii) a decisão foi devidamente fundamentada com base nas especificidades constatadas; iii) a medida atípica está sendo utilizada de forma subsidiária, dada a menção de que foram promovidas diligências à exaustão para a satisfação do crédito; e iv) observou-se o contraditório e o postulado da proporcionalidade; o acórdão recorrido não merece reforma*" (STJ - REsp 1.894.170/RS, 3ª Turma, Rel. Min. Nancy Andrigui, j. 27/10/2020).

Na ação de improbidade administrativa, demanda que busca reprimir o enriquecimento ilícito, as lesões ao erário e a ofensa aos princípios da Administração Pública, vê-se caminho plenamente acessível para a concessão de medidas executivas atípicas. Devem ser impedidas as manobras praticadas pelo sujeito ativo do ato de improbidade administrativa com o objetivo de escapar da execução das sanções pecuniárias impostas pelo Estado, sob pena de as condutas contrárias à moralidade administrativa e ao patrimônio público ficarem sem resposta.[23]

7. Imprescritibilidade da pretensão de ressarcimento dos prejuízos causados ao erário

Pela disposição constitucional, colhe-se que a prescrição quinquenal atinge os ilícitos administrativos e a punição contra os agentes públicos que deram causa, deixando fora de sua incidência temporal a ação de ressarcimento dos prejuízos causados ao erário, qual é tida como imprescritível (art. 37, § 5º, CRFB).

Na prática, cabe discernir que correrá prazo prescricional para os efeitos administrativos e penais, ou seja, a apuração e aplicação de penalidades para o ilícito praticado, mas não para o ressarcimento do erário.[24] Aliás, a eventual prescrição das sanções decorrentes dos atos de improbidade administrativa não obsta o prosseguimento da demanda quanto ao pleito, imprescritível, de ressarcimento dos danos causados ao erário.[25]

---

23 Nesse sentido: "*Improbidade administrativa. Fase de cumprimento de sentença. Requerimento de medidas coercitivas. Suspensão de CNH e apreensão de passaporte. Previsão feita no art. 139, IV, do CPC/2015. Medidas executivas atípicas. Aplicação em processo de improbidade. Observância de parâmetros. Análise da causa. Possibilidade*" (STJ - REsp 1.929.230/MT, 2ª Turma, Rel. Min. Herman Benjamin, j. 04/05/2021).

24 "*Ação civil pública. Improbidade administrativa. Ressarcimento ao erário. Prescrição. Não ocorrência. Da leitura do art. 37, § 5º, da Constituição da República e do art. 23 da Lei 8.429/1992, infere-se que a prescrição quinquenal atinge os ilícitos administrativos e a punição contra os agentes públicos que lhe deram causa, deixando fora de sua incidência temporal as ações com vistas ao ressarcimento ao Erário, que, nos termos da jurisprudência desta Corte, são imprescritíveis*" (STJ – AgRg no AREsp 388.589/RJ, 2ª Turma, Rel. Min. Humberto Marins, j. 06/02/2014).

25 "*3. A aplicação das sanções previstas no art. 12 e incisos da Lei 8.429/92 se submetem ao prazo prescricional de 05 (cinco) anos, exceto a reparação do dano ao erário, em razão da imprescritibilidade da pretensão ressarcitória (art. 37, § 5º, da CRFB de 1988). Precedentes do STJ (..) 4. Consectariamente, uma vez autorizada a cumulação de pedidos condenatório e ressarcitório em sede de ação por improbidade administrativa, a rejeição de um dos pedidos, in casu, o condenatório, porquanto considera-*

A imprescritibilidade, tida como exceção, ocorre aqui diante da necessidade de recomposição do dano causado por ato de alta reprovabilidade. De toda sorte, não é a mesma impassível de crítica, tendo em vista a insegurança jurídica decorrente da falta de estabilidade das relações jurídicas – mesmo porque até o crime de homicídio se sujeita a prazo prescricional; além do que se sujeitaria o agente público e o terceiro beneficiário a conservar a documentação pertinente ao fato de forma indefinida.

A Corte Suprema firmou o entendimento, de que seriam imprescritíveis as ações de ressarcimento apenas quanto aos *atos dolosos* de improbidade administrativa,[26] de modo que os *atos culposos*, diversamente, se sujeitam à prescrição.

Outro entendimento restritivo do STF é no sentido de afastar a imprescritibilidade quanto ao *ilícito civil*, ainda que se tenha causado prejuízo material ao patrimônio público, hipótese em que se deve ter como prescritível a ação de ressarcimento, inclusive em razão da falta de reprovabilidade da referida conduta.[27] Argumenta-se que, se assim não fosse, a própria execução fiscal seria imprescritível. A coerência da interpretação restritiva também se escora na prescritibilidade como regra em nosso ordenamento jurídico.

Por fim, construiu-se na Corte Suprema a exegese de que é prescritível a *decisão do Tribunal de Contas* que impute multa ou ressarcimento ao erário, sob os argumentos de que o tal órgão não analisa a existência

da prescrita a demanda (art. 23, I, da Lei nº 8.429/92), não obsta o prosseguimento da demanda quanto ao pedido ressarcitório em razão de sua imprescritibilidade" (STJ – REsp 1.089.492/RO, 1ª Turma, Rel. Min. Luiz Fux, j. 04/11/2010).

26 Tese de repercussão geral nº 897, STF, j. 08/08/2018: "*São imprescritíveis as ações de ressarcimento ao erário fundadas na prática de ato doloso tipificado na Lei de Improbidade Administrativa*". No referido julgamento, o min. Luiz Edson Fachin afirmou de forma categórica que "*não há incompatibilidade com o Estado Democrático de Direito, ou com o Estado de Direito Democrático, sustentar a imprescritibilidade das ações de ressarcimento em matéria de probidade, eis que não rara a prescrição é o biombo por meio do qual se encobre a corrupção e o dano ao interesse público*".

27 Tese de repercussão geral nº 666, STF, j. 03/02/2016: "É prescritível a ação de reparação de danos à Fazenda Pública decorrente de ilícito civil". No atinente caso, analisou-se uma ação de ressarcimento instaurada pela União em face de uma empresa de transporte rodoviário e de um motorista a ela vinculado, tendo por fundamento a alegada responsabilidade civil dos indicados por acidente automobilístico, cujo resultado final foi pela ocorrência da prescrição.

ou não de atos dolosos de improbidade administrativa; e de que tal decisão não é precedida de contraditório e ampla defesa plenos.[28]

8. Autocomposição na ação de improbidade administrativa e o acordo de não persecução cível

Partindo da noção de indisponibilidade dos direitos difusos, inclusive em razão do art. 841, CC (que só admite transação em direitos patrimoniais de caráter privado), ditava o texto legal a vedação de transação em ações de improbidade administrativa (versão já revogada do art. 17, § 1º, Lei nº 8.429/1992, antes da reforma de 2021). Tal impossibilidade se dava em razão do descompasso entre a legitimidade *ad causam* ativa e a titularidade coletiva dos respectivos interesses postos na causa; bem como em razão da negativa de aplicação consensual das sanções por improbidade administrativa.

Depois de idas e vindas - decorrentes da edição de medida provisória nº 703/2015, que havia revogado tal dispositivo e acabou, posteriormente, não sendo convertida em lei, tendo sua vigência encerrada - o legislador alterou o respectivo dispositivo para prever que "*As ações de que trata este artigo admitem a celebração de acordo de não persecução cível, nos termos desta Lei*" (art. 17, § 1º, Lei nº 8.429/1992, com redação dada pela Lei nº 13.964/2019, antes da reforma de 2021).

De fato, ultrapassadas décadas do surgimento da lei de improbidade administrativa, e surgidas diversas leis e institutos relacionados ao combate à corrupção, o cenário de evolução em que nos encontramos já estava apto a desafiar a compreensão literal de qualquer norma que vedasse acordos em sede de improbidade administrativa. O legislador de 2019 apenas foi coerente à racionalidade aceita e exigida nos tempos atuais. Como argumentos gerais que embasam a reformulação de pensamento que gerou o progresso legislativo:

---

28 Tese de repercussão geral nº 899, STF, j. 20/04/2020: "É a pretensão de ressarcimento ao erário fundada em decisão de Tribunal de Contas". No julgado paradigma: "*3. A excepcionalidade reconhecida pela maioria do STF no Tema 897, portanto, não se encontra presente no caso em análise, uma vez que, no processo de tomada de contas, o TCU não julga pessoas, não perquirindo a existência de dolo decorrente de ato de improbidade administrativa, mas, especificamente, realiza o julgamento técnico das contas à partir da reunião dos elementos objeto da fiscalização e apurada a ocorrência de irregularidade de que resulte dano ao erário, proferindo o acórdão em que se imputa o débito ao responsável, para fins de se obter o respectivo ressarcimento. 4. A pretensão de ressarcimento ao erário em face de agentes públicos reconhecida em acórdão de Tribunal de Contas prescreve na forma da Lei 6.830/1980 (Lei de Execução Fiscal)*" (STF - RE 636.886/AL, Tribunal Pleno, j. 20/04/2020).

(i) A *consensualidade* como pressuposto da resolutividade de conflitos de interesse constitui diretriz assumida como *norma fundamental* na legislação processual codificada, seja realizada dentro ou fora do Poder Judiciário (art. 3º, §§ 2º e 3º, CPC). Além disso, no âmbito do Direito Administrativo, a consensualidade vem sendo compreendida como um princípio jurídico, afinado à noção de governança.[29]

(ii) Um dos objetivos da ação civil pública é a defesa do *"patrimônio público e social"* (art. 1º, VIII, Lei nº 7.347/1985, incluído pela Lei nº 13.004/2014), na qual é permitida, sabidamente, a celebração de *termo de ajustamento de conduta* (art. 5º, § 6º, Lei nº 7.347/1985), instituto com viés negocial.

(iii) Há possibilidade de transacionar sanções mais reprováveis pelo sistema (crimes),[30] conforme *instrumentos de justiça penal negociada*, como a transação penal (art. 76, Lei nº 9.099/1995) e a suspensão condicional do processo (art. 89, Lei nº 9.099/1995), bem como diante da possibilidade de "colaboração premiada" (art. 3º, I; 4º e 5º, Lei nº 12.850/2013, que trata das chamadas *"organizações criminosas"*). Foi nessa toada, a propósito, que surgiu a possibilidade de "acordo de leniência" (art. 16, Lei nº 12.846/2013, que trata da *"responsabilidade administrativa e civil de pessoas jurídicas pela prática de atos contra a administração pública, nacional ou estrangeira"*, conhecida como "Lei Anticorrupção").[31]

---

29 Já se afirmou que "o consenso tem o mérito de reduzir o lado autoritário da administração pública, contribuindo para a sua democratização" (DI PIETRO, Maria Sylvia Zanella. *Tratado de direito administrativo*: teoria geral e princípios do direito administrativo, vol. I. São Paulo: RT, 2014, p. 229). Ainda, "Pode-se afirmar (..) que a consensualidade na atividade administrativa é uma realidade do Estado contemporâneo, e atua como vetor na busca de maior eficiência do Poder Público" (RODRIGUES, Marco Antonio. *A fazenda pública no processo civil*. 2 ed. São Paulo: Atlas, 2016, p. 377).

30 Em crítica à versão já revogada do dispositivo em exame: "A interpretação literal do comando do § 1º do art. 17 da Lei n. 8.429/1992 levava uma situação absurda: seria possível negociar sanções tidas como mais graves pelo sistema, porque decorrente da prática de crimes (por definição, o ilícito mais reprovável), mas não seria possível negociar no âmbito de uma ação de improbidade administrativa" (DIDIER Jr., Fredie; ZANETI Jr., Hermes. Justiça multiportas e tutela constitucional adequada: autocomposição em direitos coletivos. In: *Justiça multiportas*: mediação, conciliação, arbitragem e outros meios de solução adequada de conflitos. Salvador: Juspodivm, 2016. pp.51-52).

31 No sentido de que a "a nova Lei Anticorrupção passa a integrar o denominado microssistema processual de tutela coletiva da probidade administrativa" (GARCIA, Emerson; ALVES, Rogério Pacheco. *Improbidade Administrativa*. 8 ed. São Paulo: Saraiva, 2014. p. 874).

(iv) A mentalidade de acordo envolvendo a administração pública perpassa também pela análise do *marco legal da mediação*, que prevê que "*No caso de conflitos que envolvam controvérsia jurídica entre órgãos ou entidades de direito público que integram a administração pública federal, a Advocacia-Geral da União deverá realizar composição extrajudicial do conflito, observados os procedimentos previstos em ato do Advogado-Geral da União*"; e que "*nas hipóteses em que a matéria objeto do litígio esteja sendo discutida em ação de improbidade administrativa ou sobre ela haja decisão do Tribunal de Contas da União, a conciliação de que trata o caput dependerá da anuência expressa do juiz da causa ou do Ministro Relator*" (art. 36, *caput* e § 4º, Lei nº 13.140/2015).[32]

(v) A doutrina assente que o legislador não vedava a transação em ação de improbidade quanto às condições, ao prazo ou modo de reparação do dano causado ao erário ou mesmo quanto à perda da vantagem ilicitamente obtida pelo agente,[33] tratando-se de direitos meramente patrimoniais, "*sem abrir mão da reparação integral*" e "*da pretensão sancionatória*".[34]

Explique-se que a problemática de se admitir a transação é menor quanto à *dimensão ressarcitória*; afinal tal pedido não exige a adoção de um procedimento especial coletivo (que seria a ação de improbidade administrativa "típica", adotado o procedimento da Lei nº 8.429/1992), podendo ser versado em ação civil pública ou ação

32 No mesmo sentido, vide FPPC, nº 617: "*(art. 3º, §2º; art. 36, §4º da Lei 13.140/2015; art. 17, §1º da Lei nº 8.429/1992) A mediação e a conciliação são compatíveis com o processo judicial de improbidade administrativa*".

33 "O que deve ficar claro é que, nessas soluções do conflito por autocomposição, não é o direito material em si o objeto da transação, mas sim a forma de seu exercício. Significa que serão objetos de transação apenas a forma, o modo e os prazos de cumprimento de obrigações que tutelem o direito material, que nunca será em si mesmo o objeto da transação" (OLIVEIRA, Rafael Carvalho Rezende. *Curso de Direito Administrativo*. 6 ed. Rio de Janeiro: Forense, 2018, p. 919).

34 "Em resumo: o avençado entre o agente e o órgão legitimado quanto à reparação *integral* do dano (condições, prazo e modo) não impedirá o ajuizamento da ação civil para a aplicação das sanções de perda da função pública, suspensão dos direitos políticos, pagamento de multa e proibição de contratar com o Poder Público ou dele receber benefícios ou incentivos fiscais ou creditícios (art. 12 da Lei de Improbidade), devendo a celebração do ajuste, no entanto, ser considerada pelo magistrado por ocasião da dosimetria das referidas sanções, atuando a integral reparação do dano ou a reversão da vantagem ilícita obtida como verdadeira 'circunstância atenuante' no campo da ação por improbidade administrativa" (GARCIA, Emerson; ALVES, Rogério Pacheco. *Improbidade Administrativa*. 8 ed. São Paulo: Saraiva, 2014. p. 908).

> popular.[35] Finalmente, o interesse público pode residir justamente na celebração do acordo, porquanto a reparação do dano possa se dar de modo mais célere e efetivo.
>
> Inclusive, há orientação normativa sobre a possibilidade de firmar-se termo de ajustamento de conduta na seara da improbidade administrativa, na conformidade mencionada.[36] Frise-se, ainda, a política nacional de resolução de conflitos no âmbito do Ministério Público (Resolução nº 118/2014, CNMP), sendo certo relatar o papel de destaque da instituição ministerial nas ações coletivas, inclusive pelo fato de esta estar a desempenhar sua função institucional (art. 129, III, CRFB).

Em vista disso, foi concebida a permissão do denominado *acordo de não persecução cível* - ANPC (art. 17, § 1º, Lei nº 8.429/1992, com redação dada pela Lei nº 13.964/2019, antes da reforma de 2021), que não teve seu procedimento clarificado pelo legislador de então, algo

---

35 Sobre o assunto: "(..) na dimensão ressarcitória/desconstitutiva da ação de improbidade, que é idêntica à qualquer ação civil pública ou ação popular, a autocomposição não apresenta qualquer problema. Especialmente se considerarmos que o CPC apresenta a possibilidade de homologação de autocomposição parcial (art. 354, par. ún., CPC)" (DIDIER Jr., Fredie; ZANETI Jr., Hermes. *Justiça multiportas e tutela constitucional adequada*: autocomposição em direitos coletivos. In: Justiça multiportas: mediação, conciliação, arbitragem e outros meios de solução adequada de conflitos. Salvador: Juspodivm, 2016. pp.51-52).

36 "Art. 1º. (..) § 1º *Não sendo o titular dos direitos concretizados no compromisso de ajustamento de conduta, não pode o órgão do Ministério Público fazer concessões que impliquem renúncia aos direitos ou interesses difusos, coletivos e individuais homogêneos, cingindo-se a negociação à interpretação do direito para o caso concreto, à especificação das obrigações adequadas e necessárias, em especial o modo, tempo e lugar de cumprimento, bem como à mitigação, à compensação e à indenização dos danos que não possam ser recuperados; § 2º É cabível o compromisso de ajustamento de conduta nas hipóteses configuradoras de improbidade administrativa, sem prejuízo do ressarcimento ao erário e da aplicação de uma ou algumas das sanções previstas em lei, de acordo com a conduta ou o ato praticado.*" (Resolução nº 179/2017, CNMP); "*Art. 40, (..) § 1º. Não sendo o titular dos direitos concretizados no compromisso de ajustamento de conduta, não pode o órgão do Ministério Público fazer concessões que impliquem renúncia aos direitos ou interesses difusos, coletivos e individuais homogêneos, cingindo-se a negociação à interpretação do direito para o caso concreto, à especificação das obrigações adequadas e necessárias, em especial o modo, tempo e lugar de cumprimento, bem como à mitigação, à compensação e à indenização dos danos que não possam ser recuperados. § 2º. É cabível compromisso de ajustamento de conduta nas hipóteses configuradoras de improbidade administrativa, sem prejuízo do ressarcimento ao erário e da aplicação de uma ou algumas das sanções previstas em lei, de acordo com a conduta ou o ato praticado*" (Resolução GPGJ nº 2.227/2018, MP-RJ).

que, decerto, não impedia a sua celebração.[37] No regime atual, o instituto resta previsto no art. 17-B, Lei nº 8.429/1992, incluído pela Lei nº 14.230/2021.

O ANPC pode ser conceituado como um negócio jurídico não obrigatório que visa a resolução de conflitos por meio de autocomposição na esfera da improbidade administrativa, em afastamento da necessidade/continuidade de exercício judicial da pretensão.[38]

O legislador atribuiu legitimidade ativa exclusiva ao Ministério Público para celebrar o ANPC, como também o fez para a promoção da ação de improbidade administrativa (arts. 17, *caput*; e 17-B, *caput*, Lei nº 8.429/1992, com redação e incluído pela Lei nº 14.230/2021). Por sua vez, a legitimidade passiva pode ser de pessoa jurídica ou física que participou ou se beneficiou de ato de improbidade administrativa.

A celebração do ANPC depende da oitiva do ente federativo lesado, como também do Tribunal de Contas para fins de apuração do valor do dano a ser ressarcido (art. 17-B, e §§ 1º e 3º, IV, Lei nº 8.429/1992, incluídos pela Lei nº 14.230/2021). A visão plural do instituto, não restrita ao discernimento do(a) promotor(a) de justiça, é salutar para entender e atender de forma abrangente o interesse público envolvido.

Uma vez que a simples reparação integral e recomposição do ilícito não reflete uma sanção, como ja afirmado, dever-se-ia privilegiar a interpretação no sentido da indispensabilidade de que o ANPC contemple *ao menos* uma das sanções previstas no art. 12, Lei nº 8.429/1992, sob pena de vilipendiar o escopo principal da legislação de instrumento de punição e repressão de atos de improbidade administrativa.[39] No entanto, o legislador reformista exigiu, ao menos, os resultados de integral ressarcimento do dano; e reversão à pessoa jurídica lesada da vantagem indevida obtida, ainda que oriunda de agentes privados (art. 17-B, I e II, Lei nº 8.429/1992, incluídos pela Lei nº 14.230/2021).

---

37 Como parâmetro, merece ser registrado que o Ministério Público de São Paulo editou a Resolução nº 1.193/2020-CPJ, trazendo regras procedimentais e materiais para celebração do ANPC, buscando homogeneidade na atuação funcional. No mesmo sentido, vide a Resolução nº 4.703/2021, Procuradoria Geral do Estado do Rio de Janeiro; Portaria Normativa nº 18/2021, Advocacia Geral da União.

38 Sobre o assunto: BASTOS, Fabrício Rocha. *Acordo de não persecução cível*. Rio de Janeiro: Liber, 2021.

39 Nesse sentido, sobre o termo de ajustamento de conduta em matéria de improbidade administrativa: "É cabível o compromisso de ajustamento de conduta nas hipóteses configuradores de improbidade administrativa, sem prejuízo do ressarcimento ao erário e da aplicação de uma ou mais sanções previstas em lei, de acordo com a conduta ou ato praticado" (art. 1º, § 2º, Resolução nº 179/2017, CNMP).

Como não há limites expressos na Lei nº 8.429/1992, convém entender que o ANPC poderá prever a aplicação imediata de *quaisquer das sanções* previstas no art. 12 da referida lei, inclusive porque o investigado/acusado voluntariamente aceita tais condições como consequência do acordo (solução negociada do conflito).[40] Não há impeditivo para que sejam pactuadas *outras sanções*, como danos morais coletivos, eventualmente.

Quanto ao momento para celebração, a legislação previa que o ANPC deveria ser firmado antes da contestação (art. 17, § 10-A, Lei nº 8.429/1992, antes da reforma de 2021), a impedir que o autor do fato ímprobo estrategicamente buscasse aguardar o término da instrução para aquilatar a conveniência/oportunidade de realizar o atinente acordo, algo que, em tese, atentaria contra a eficiência administrativa e jurisdicional.[41] No regime atual, não há tal impeditivo temporal, sendo possível que o ANPC seja celebrado no curso da investigação de apu-

40 Nesse ponto, sobre a específica sanção de *suspensão dos direitos políticos*: não há que se falar em renúncia aos direitos políticos na celebração do ANPC, mas sim em aceitação voluntária da aplicação imediata de uma sanção de matriz constitucional, que importa em restrição temporária ao exercício de direito fundamental. Por sua vez, sobre a específica sanção de *perda da função pública*: se o autor do fato ímprobo, agente público ou político, tem a possibilidade de pedir exoneração ou renunciar seu cargo, também poderá decidir, espontaneamente, sair da vida pública, por um período de tempo estabelecido, mediante celebração do ANPC.

41 Na jurisprudência: "*3. O pedido de sobrestamento decorrente da possibilidade de acordo advinda com a Lei n. 13.964/2019 (Pacote Anticrime), no âmbito da ação de improbidade, deve ocorrer até a apresentação da contestação, evidenciando o esvaziamento da pretensão formulada pelo recorrente, à vista da atual fase processual*" (STJ - AgInt no REsp 1.659.082/PB, 1ª Turma, Rel. Min. Gurgel de Faria, j. 15/12/2020). Todavia, há precedente que dá contornos diferenciados ao assunto: "É possível acordo de não persecução cível no âmbito da ação de improbidade administrativa em fase recursal" (STJ - AREsp 1.314.581/SP, 1ª Turma, Rel. Min. Benedito Gonçalves, j. 23/02/2021). Nesse último julgado, discorreu-se que "*o Conselho Superior do Ministério Público do Estado de São Paulo (CSMPSP) editou a Resolução nº 1.193/2020, a qual disciplina o acordo de não persecução cível no âmbito do MPSP, regulamentando o disposto no art. 17, § 1º, da LIA e no art. 7º, § 2º, da Resolução nº 179/2017, CNMP. No caso, o recorrente foi condenado por dano ao erário pela prática de conduta ímproba na modalidade culposa do art. 10 da LIA, decorrente da condenação por danos morais sofrida, nos autos de ação de indenização, em razão de conduta omissiva consubstanciada pelo não cumprimento de ordem judicial para que fornecesse medicamento a paciente, que acabou vindo a óbito. Dessa forma, tendo em vista a homologação do acordo pelo Conselho Superior do MPSP, a conduta culposa praticada pelo recorrente, bem como a reparação do dano ao Município, além da manifestação favorável do Ministério Público Federal ao acordo, tem-se que a transação deve ser homologada*".

ração do ilícito, no curso da ação de improbidade ou, *até mesmo*, no momento da execução da sentença condenatória (art. 17-B, § 4º, Lei nº 8.429/1992, incluído pela Lei nº 14.230/2021).

Importante é destacar a importância da consensualidade, ora prestigiada, para a recuperação de ativos decorrentes de atos de improbidade administrativa, desde que em bases razoáveis e justificadas pelo proponente - em representação da "vantajosidade", não meramente econômica -, tendo em vista o incomensurável ganho de tempo e da própria certeza alcançada ao se formar imediatamente título executivo, fatores geradores de efetividade, ao revés de se aguardar o deslinde da resposta estatal que outorgue uma solução adjudicada cuja satisfação nem sempre é atingível (vide art. 17-B, § 2º, *in fine*, Lei nº 8.429/1992, incluído pela Lei nº 14.230/2021, que cogita do interesse público na *"rápida solução do caso"*).[42]

O acordo de não persecução cível constitui meio relevante para mitigar prejuízos ao erário. Especificamente, pode-se acordar a transferência em favor da entidade lesada, da propriedade dos bens, direitos e valores auferidos como proveito direto ou indireto da infração; a estipulação de garantias para pagamento de multa e ressarcimento integral do dano; dentre outros.

Considerações finais

O assunto desenvolvido sobre a recuperação de ativos decorrentes de atos de improbidade administrativa é de extrema seriedade porque estamos a cogitar de práticas ímprobas da qual decorrem efeitos deletérios não só sob a perspectiva econômica, mas também social e política.

O problema exige respostas sofisticadas, que perpassam, inclusive, pela evolução da cooperação judiciária nacional e internacional, em aperfeiçoamento do sistema de justiça, para que se tenha uma ade-

42 De forma irrepreensível: "O consenso é arrimado sobre a ideia de utilidade ao interesse público no exercício do poder sancionador estatal em razão da complexidade e multiplicação das infrações administrativas, das dificuldades e custos inerentes ao exercício da competência punitiva e fiscalizadora, e da necessidade de concretização de interesses públicos primários. O Estado celebra composição para imposição de sanção mediante negociação; ele não abdica de seu poder sancionador" (MARTINS JUNIOR, Wallace Paiva. Acordo de não persecução cível. In: CUNHA, Rogério Sanches; SOUZA, Renee do Ó; BARROS, Francisco Dirceu; CABRAL, Rodrigo Leite Ferreira. *Acordo de não persecução penal e cível*. Salvador: JusPodivm, 2021, p. 324).

quada reação à corrupção, principal conduta geradora da improbidade administrativa.

Existem várias técnicas voltadas para a recuperação de ativos decorrentes de atos de improbidade administrativa, tanto no universo consensual quanto no impositivo, mediante proteção jurisdicional provisória ou definitiva, sendo relevante ter em conta o papel desempenhado pela jurisprudência de outrora para tornar efetivos - ou não tornar inefetivos - os (herméticos) mandamentos legais que regiam a temática.

Fato é que o legislador de 2021 promoveu um profundo redesenho da LIA, em explícito desapego às balizas aquilatadas pela jurisprudência. Foram produzidos tangíveis *avanços* no campo da atuação administrativa - a reboque da alteração da LINDB (Decreto-lei nº 4.657/1942) promovida pela Lei nº 13.655/2018 -, para que o gestor público possa atuar adequadamente sem demasiado receio dos órgãos de controle (*v.g.*, art. 1º, §§ 1º ao 3º e 8º, Lei nº 8.429/1992, incluídos pela Lei nº 14.230/2021), o que, do contrário, pode ocasionar o temerário fenômeno conhecido como "apagão das canetas" ou de "ossificação da Administração Pública". De outro modo, a reforma implementada traz aparentes *retrocessos*, como na previsão de regras que trazem dificuldades desmedidas tanto para a comprovação do ato de improbidade administrativa (*v.g.*, impeditivo de condenação do requerido em tipo diverso daquele definido na petição inicial, vide art. 17, § 10-F, I, Lei nº 8.429/1992, incluído pela Lei nº 14.230/2021); quanto para a efetividade da medida de recuperação de ativos (*v.g.*, limitações impostas à medida de indisponibilidade de bens do requerido, vide art. 16, §§ 3º e 11, Lei nº 8.429/1992 incluído pela Lei nº 14.230/2021), sendo este último tópico tocante diretamente ao título do presente trabalho.

Ciente que a grande maioria das ações de improbidade administrativa é *ineficaz* quanto a recuperação de ativos desviados do poder público, conforme relatório pretérito do Conselho Nacional de Justiça (2015),[43] seria natural que o Parlamento buscasse aprimorar a efetividade do regime anterior, e não incluir requisitos adicionais de *difícil cumprimento prático* para manuseio das ferramentas disponíveis.

43 Vide: *Lei de improbidade administrativa*: obstáculos à plena efetividade do combate aos atos de improbidade. Coordenação Luiz Manoel Gomes Júnior, equipe Gregório Assegra de Almeida... [et al.]. – Brasília: CNJ, 2015. Disponível em: < https://bibliotecadigital.cnj.jus.br/jspui/bitstream/123456789/320/1/Justiça%20Pesquisa%20-%20Lei%20de%20Improbidade%20Administrativa.pdf >. Acesso em: 28 Outubro 2021.

Referências bibliográficas

ALMEIDA, Marcelo Pereira de. *Processo coletivo*: teoria geral, cognição e execução. 3 ed. Curitiba: CRV, 2021.

BASTOS, Fabrício Rocha. *Curso de processo coletivo*. Indaiatuba: Editora Foco, 2018.

______. *Acordo de não persecução cível*. Rio de Janeiro: Liber, 2021.

BEDAQUE, José Roberto dos Santos. Tutela jurisdicional cautelar e atos de improbidade. In: BUENO, Cássio Scarpinella; PORTO FILHO, Pedro Paulo de Rezende (coords.). *Improbidade administrativa* - questões polêmicas e atuais. 2 ed. São Paulo: Atlas, 2015, p. 280.

BRASIL. Câmara dos Deputados - Comissão Especial Destinada a Proferir Parecer ao Projeto de Lei Nº 10.887, de 2018. *Relatório Final*. Disponível em: < https://www.camara.leg.br/proposicoesWeb/prop_mostrarintegra?codteor=2028078 >. Acesso em: 15 Outubro 2021.

BRASIL. Conselho Nacional de Justiça. *Lei de improbidade administrativa*: obstáculos à plena efetividade do combate aos atos de improbidade. Coordenação Luiz Manoel Gomes Júnior, equipe Gregório Assegra de Almeida... [et al.]. – Brasília: CNJ, 2015. Disponível em: < https://bibliotecadigital.cnj.jus.br/jspui/bitstream/123456789/320/1/Justiça%20Pesquisa%20-%20Lei%20de%20Improbidade%20Administrativa.pdf >. Acesso em: 28 Outubro 2021.

CÂMARA, Alexandre Freitas. *O novo processo civil brasileiro*. 2 ed. São Paulo: Atlas, 2016 (versão eletrônica).

DIDIER Jr., Fredie; ZANETI Jr., Hermes. Justiça multiportas e tutela constitucional adequada: autocomposição em direitos coletivos. In: *Justiça multiportas*: mediação, conciliação, arbitragem e outros meios de solução adequada de conflitos. Salvador: Juspodivm, 2016.

DI PIETRO, Maria Sylvia Zanella. *Tratado de direito administrativo*: teoria geral e princípios do direito administrativo, vol. I. São Paulo: RT, 2014.

GARCIA, Emerson; ALVES, Rogério Pacheco. *Improbidade administrativa*. 9 ed. São Paulo: Saraiva, 2017.

HARTMANN, Rodolfo Kronemberg; HARTMANN, Guilherme Kronemberg. *Petições & prática cível*. 4 ed. Niterói: Impetus, 2021.

MARTINS JUNIOR, Wallace Paiva. Acordo de não persecução cível. In: CUNHA, Rogério Sanches; SOUZA, Renee do Ó; BARROS, Francisco

Dirceu; CABRAL, Rodrigo Leite Ferreira. *Acordo de não persecução penal e cível*. Salvador: JusPodivm, 2021.

MAZZILI, Hugo Nigro. *A defesa dos interesses difusos em juízo*. 32 ed. Salvador: JusPodivm, 2021.

NEVES, Daniel Amorim Assumpção. *Manual do processo coletivo*: volume único. 3 ed. Salvador: JusPodivm, 2016.

OLIVEIRA, Rafael Carvalho Rezende. *Curso de Direito Administrativo*. 6 ed. Rio de Janeiro: Forense, 2018.

RODRIGUES, Marco Antonio dos Santos. *A fazenda pública no processo civil*. 2 ed. São Paulo: Atlas, 2016.

RODRIGUES, Roberto de Aragão Ribeiro. *Justiça multiportas e advocacia pública*. Rio de Janeiro: GZ, 2021.

ZAVASCKI, Teori Albino. *Processo coletivo*: tutela de direitos coletivos e tutela coletiva de direitos. 3 ed. São Paulo: RT, 2008.

SMART CONTRACT NO JUDICIÁRIO

Uma tecnologia em prol da recuperação de ativos

Thiago Aleluia Ferreira de Oliveira[1]

Sumário: Considerações iniciais: o despertar de uma sociedade disruptiva. **1.** Smart Contract: gênese e definição. **2.** Estado da arte da execução cível no direito brasileiro. **3.** O avanço do smart contract no Judiciário: uma solução célere, adequada e eficiente. Considerações finais. Referências bibliográficas.

Considerações iniciais: o despertar de uma sociedade disruptiva

a Revolução digital trouxe inúmeras e profundas modificações na forma como as pessoas trabalham, interagem e acessam informações, nas estruturas de negócios, de reuniões, propiciando uma verdadeira quebra de padrões. A sociedade contemporânea vive um momento de intensa transformação sob o pálio de um novo vocabulário, como Google, Windows, Mac, Whatsapp, Netflix e novos conceitos como machine learning, deep learning, big data, algoritmos, só para citar alguns.

Já se fala em Quarta Revolução Industrial[2], período caracterizado por integração de tecnologias, contemplando os domínios físico, digital e biológico, e de redefinição, em algum modo, do significado do ser humano, com influxos não só na economia, mas também no Direito.

Se de um lado, a internet muda a sociedade, tornando-a célere, dinâmica e cada vez mais dependente da internet para as atividades do dia a dia, de outro, há um crescimento exponencial do número de conflitos.

Disputas se alargam proporcionalmente ao mesmo nível de interconectividade. As redes sociais, o comércio eletrônico e os novos mercados, que atuam de modo remoto, na distância de um *click,* colocam pessoas físicas e jurídicas em confronto a todo momento e em todos os lugares do planeta.

---

1 Doutorando em Direito na UERJ. Vice-Diretor e Professor da Escola Superior da Magistratura do Estado do Piauí– ESMEPI. Juiz de Direito do TJPI. Membro do Centro de Inteligência da Justiça Estadual Piauiense. Email: othiagoaleluia@gmail.com.

2 BECERRIL Gil, ANAHIBY Anyel & ORTIGOZA Limón, Samuel (2018). *Habilitadores tecnológicos y realidades del derecho informático empresarial.* Revista del instituto de Ciencias jurídicas de Puebla, México. Nueva época vol. 12, nº. 41. pp. 17-18. Disponível: http://www.scielo.org.mx/pdf/rius/v12n41/1870-2147-rius-12-41-11.pdf. Acesso em 26 jun.

No Brasil, esse súbito aumento na demanda por serviços judiciais, por sua vez, não contou com o adequado aparelhamento da estrutura para sua oferta, ocasionando, por conseguinte, situação de significativo congestionamento e de elevada morosidade.

Os custos e os números são alarmantes. O Judiciário tem uma força de trabalho de 446.142 pessoas e um orçamento que corresponde a 1,5% do Produto Interno Bruto (PIB), valores superiores aos de todos os países da Organização para a Cooperação e Desenvolvimento Econômico (OCDE), com exceção dos tribunais suíços e alemães.

Segundo o Relatório do Justiça em Números do CNJ[3], foi atingida em 2019 a marca de 77 milhões de processos no Brasil, dos quais 55,8% se referem à fase de execução, isto é, cerca de 42 milhões de processos. Isso significa que mais da metade das demandas que tramitam no país envolvem atividades de natureza executiva, sejam fundadas em título judicial (cumprimento de sentença), seja em título extrajudicial.

Nesse cenário, emerge a necessidade de se pensar em alternativas e soluções que contribuam com o aperfeiçoamento da prestação jurisdicional, sobretudo, no campo da execução cível.

Registre-se que já há relevante interação entre automação e inteligência artificial no campo das execuções fiscais, nos sistemas Elis do TJPE e Poti do TJRN. Todos dependem, de alguma forma, da figura do juiz, mas é necessário avançar ainda mais.

Sob essa perspectiva, ganham destaque os Smart Contracts (contratos inteligentes), que são códigos de computador que traduzem uma relação contratual, com auxílio da tecnologia blockchain, executando ordens predefinidas quando certas condições dentro do sistema são reunidas, dispensando a existência de uma autoridade intermediária. Em outras palavras, são executados sem a necessidade de uma ação humana posterior e têm condições pré-acordadas entre as partes, que o próprio código analisa, a fim de cumprir o previsto – como, por exemplo, entregar alguma mercadoria; realizar o pagamento de um valor.

Diante de sua ampla aplicação no ecossistema dos negócios com diversos benefícios como segurança, rapidez, redução de custos, precisão, propõe-se sua aplicação dentro da seara do Judiciário, a partir da automação de procedimentos, tarefas de rotina e apoio à tomada de decisão, dentre outras possibilidades, trazendo a esperança de uma

3 CONSELHO NACIONAL DE JUSTIÇA (CNJ). Justiça em números 2020: Ano-base 2019. Brasília, 2020.

justiça mais célere, efetiva e capaz de fornecer maior segurança jurídica e igualdade a todos os jurisdicionados.

Em face da relevância e atualidade desse tema sob o contexto jurídico e social, notadamente a partir de propostas legislativas de desjudicialização da execução e do advento da Justiça digital, projeto do CNJ - que visa implementar um modelo de prestação de serviço com uso intensivo de tecnologia, mais acessível e sem necessidade de estrutura física no atendimento aos jurisdicionados - com reflexos no cotidiano de muitos cidadãos, e principalmente da evidência dos debates que permeiam os processualistas e constitucionalistas, objetiva-se, nesse trabalho, analisar a funcionalidade dos smart contracts na esfera da execução cível, em prol da recuperação de ativos.

Do ponto de vista metodológico, os objetivos acima expostos exigiram o desenvolvimento de pesquisa de forma descritiva, qualitativa e quantitativa, de caráter doutrinário e jurisprudencial, através de método indutivo e dedutivo.

1. Smart contracts: gênese e definição

o termo "smart contract", traduzido como contrato inteligente, foi cunhado pelo professor e criptógrafo Nick Szabo em 1994, o qual os denomina dessa forma por entender que eles são mais funcionais que seus ancestrais inanimados baseados em papel. Nessa perspectiva, define que "um contrato inteligente é um "conjunto de promessas, especificadas em formato digital, incluindo protocolos nos quais as partes cumprem essas promessas"[4].

Para Szabo[5],o direito contratual não estaria imune à revolução tecnológica, de maneira que seria necessário adaptar a dogmática existente às peculiaridade do mundo digital. Na sua ótica, os contratos inteligentes melhorariam a execução dos quatro objetivos básicos do contrato: observabilidade, verificabilidade, privacidade e obrigatoriedade (autoaplicabilidade).

Os smart contracts baseiam-se em uma dinâmica que dispensa a necessidade de confiança – seja na outra parte envolvida, seja no sistema jurídico estatal – para a determinação de relações contratuais que envolvem bens e valores de todas as espécies. No caso, materializam a

4 SZABO, Nick (1996). *Smart Contracts: Building Blocks for Digital Markets.* Disponível em: < http://www.alamut.com/subj/economics/nick_szabo/smartContracts.html>. Acesso em 12 mai. 2021

5 Op. Cit

ideia de "Code is Law" de Lawrence Lessig[6] – ancorando-se na lógica "se x, então y", isto é, uma vez preenchidos os requisitos fixados na programação do software, o sistema identifica e valida a sua ocorrência, procedendo, então, à execução.

Ao descrevê-los, Szabo os associa às máquinas de vendas automáticas (vending machine), como refrigerantes, doces. Pela sua funcionalidade, uma vez inserido o importe, se confirma a aceitação contratual por parte do comprador que, por sua vez, recebe o seu produto de imediato, independentemente de intermediário. Trata-se de uma apresentação não tradicional de um contrato de compra e venda.

Não obstante essa relevante contribuição para o desenvolvimento dos smart contracts, não existia à época atmosfera tecnológica suficientemente adequada para sua implementação. Até que, em 2008, há o surgimento do criptoativo Bitcoin[7] e da tecnologia Blockchain, modificando o cenário existente, permitindo que os contratos inteligentes tivessem o seu maior avanço e importância prática.

A proteção criptográfica trazida pela Blockchain, bem como o armazenamento descentralizado e simplificado, propiciou novos caminhos para a aplicação desses contratos inteligentes[8]. Esta tecnologia, em suma, constitui uma base de dados compartilhada em uma rede de usuários, em que os blocos de dados são registados de maneira linear e cronológica e interligados de forma acumulada e imutável[9]. Cada blo-

---

6 LESSIG. Lawrence. Código e outras leis do ciberespaço. Nova York: Livros Básicos, 1999. Apud [5] HASSAN, Samer. FILIPPI, Primavera de. The Expansion of Algorithmic Governance: From Code is Law to Law is Code. pp.88-90. Disponível em: < https://journals.openedition.org/factsreports/4518#tocto1n2 > Acesso em: 09 jun. 2021.

7 Desenvolvida por um grupo de informáticos anónimos, cujo líder foi conferido a um cientista japonês chamado Satoshi Nakamoto. WITTE, Jan H. (2016). The blockchain: a gentle four page introduction. Record Currency Management, Windsor, UK. Disponível em: https://arxiv.org/pdf/1612.06244.pdf.. Acesso em 15 jun. 2021.

8 GOMES, Delber Pinto (2018). Contratos ex machina: breves notas sobre a introdução da tecnologia Blockchain e Smart Contracts. Revista eletrónica de direito – outubro 2018 – nº 3 (V. 17). pp. 45-46. Disponível em: https://www.cije.up.pt/download-file/2274. Acesso em 15 jun. 2021.

9 IBÁÑEZ Jiménez, Javier W. (2017). 3 Cuestiones jurídicas en torno a la cadena de bloques («blockchain») y a los contratos inteligentes («smart contracts»). Revista cuatrimestral de las Facultades de Derecho y Ciencias Económicas y Empresariales. Ìcade numero 101. p. 2.

co deve possuir as informações sobre o que esse bloco está operando e deve conter a referência ao seu bloco anterior[10].

É utilizada como um livro que registra virtualmente, de maneira pública, compartilhada e universal, que produz acordo e confiança na comunicação direta entre duas partes, dispensando a intermediação de um terceiro. Esse modelo de estrutura garante que qualquer nó entre ou saia da rede, sem colocar em risco a integridade ou ainda a disponibilidade do sistema[11].

Apesar de constituir uma tecnologia complexa, os sistemas baseados em blockchain, como visto, tem uma função simples e básica: registro distribuído e muito preciso. Isso implica em que todos podem manter cópia dos arquivos atualizados em tempo real, sendo que todas essas cópias são as mesmas para todos os usuários, ainda que não tenha um administrador central.

Smart Contracts não estão obrigados à blockchain, no entanto, esta tecnologia possibilita maior segurança a esse tipo de contratação, solucionando problemas de confiança, assimetria de informação e economia de pequenas transações sem necessidade de grande infraestrutura e intermediários centrais. Atualmente, a *Ethereum* é a plataforma de blockchain que permite a criação desses contratos inteligentes.[12]

Quanto à natureza jurídica, não se pode afirmar peremptoriamente que todo smart contract reveste-se natureza contratual[13], entretanto, isso não é óbice para que em alguns casos seja conferida tal qualidade.

Para Orlando Gomes[14], os contratos podem ser definidos como "a declaração de vontade com o fim de imediato de adquirir, modificar ou extinguir direitos, ou o acordo por via do qual os participantes se propõem a conseguir um resultado jurídico". Isto é, para que exista contrato é necessário um acordo de vontades entre as partes sobre o objeto e as demais obrigações que se convencionem.

---

10 Essa função é conhecida como Hash.

11 LEWIS, A. A Gentle Introduction to Blockchain Tecnology. Disponível em: <https://j2-capital.com/gentle-introduction-blockchain-technology>. Acesso em: 14 jun. 2021.

12 TUR FAÚNDEZ, Carlos (2018). Smart contracts: análisis jurídico. Colección de derecho de las nuevas tecnologías. Reus Editorial. Madrid. p. 41.

13 SKLAROFF, Jeremy. Smart contracts and the cost of inflexibility, 2017. Disponível em: https://scholarship.law.upenn.edu/penn_law_review/vol166/iss1/5/. Acesso em: 28 jun. 2021

14 GOMES, Orlando. Contrato de Adesão – Condições Gerais dos Contratos. São Paulo: RT, 1972, P.34.

Em uma análise simplista, o contrato inteligente, portanto, não seria um contrato uma vez que não retratam plenamente a comunhão de vontades entre duas partes, que só pode suceder entre seres humanos, constituindo apenas um meio, uma ferramenta e não o negócio jurídico na sua essência.

De uma ótica extensiva, a partir da função social dos contratos, os smarts contracts não se distanciam dos contratos tradicionais constantes no ordenamento jurídico brasileiro, devido à liberdade formal contratual, como permissivo para esse modelo de contrato, ampliada ainda com a Lei da Liberdade Econômica (Lei nº 13.874/19).

Assim, respeitando os requisitos previstos no art. 104 do Código Civil: *capacidade do agente; objeto lícito, possível, determinado ou determinável e forma prescrita ou não defesa em lei, os* smart contracts podem ser considerados contratos eletrônicos[15] atípicos[16], a teor do art. 405 do mesmo diploma legal.

Vale registrar que a jurisprudência do Superior Tribunal de Justiça dispensou, recentemente, a presença de duas testemunhas para fins de reconhecimento do caráter executivo dos contratos eletrônicos.[17]

Apesar da miríade de debates em torno de sua natureza jurídica[18], o certo é que é os contratos inteligentes tem desempenhado um papel

---

15 O contrato eletrônico traduz uma transação eletrônica em que as declarações de vontade se manifestam por meios eletrônicos, por computador, podendo ser, inclusive, manifestadas automaticamente por um computador (sistema informático automatizado), ou mediante a oferta pública em um site e a aceitação pelo consumidor através de um click. LORENZETTI, Ricardo L. Comércio Eletrônico. São Paulo: Revista dos Tribunais, 2004, p.287.

16 Os contratos atípicos ou inominados seriam aqueles que não pertencem aos tipos, que possuem disciplina particular, desde que realizem interesses merecedores de proteção pelo ordenamento jurídico. Nesse espécie, o regulamento contratual advém da vontade das partes, demonstrando o binômio autonomia privada-responsabilidade contratual. A força contratual se origina do poder de uma das partes de exigir da outra o implemento de uma obrigação, desde que tenha cumprido a sua. Cf. ROPPO, Enzo. O contrato. Trad. Ana Coimbra e Manuel Januário Gomes. Coimbra: Almedina, 2009. p. 126.

17 STJ - REsp: 1495920 DF 2014/0295300-9, Relator: Ministro PAULO DE TARSO SANSEVERINO, Data de Julgamento: 15/05/2018, T3 - TERCEIRA TURMA, Data de Publicação: DJe 07/06/2018.

18 Kevin Werbach e Nicolas Cornell defendem que os smart contracts podem ser considerados contratos em sua essência, de acordo com o ordenamento jurídico norte-americano, mais precisamente com o US Restatement (Second) of Contracts (WERBACH, Kevin; CORNELL, Nicolas. Contracts ex machina. Duke Law Journal, v. 67, pp.338-343, 2017).

importante no mundo moderno permitindo que pessoas consigam realizar negociações com desconhecidos por meio de rede de computadores, de uma maneira segura, autoexecutável, sem a necessidade de um intermediário centralizado.

Há fartos exemplos da aplicabilidade dos contratos inteligentes no mundo de negócios.

No varejo online, há um grande crescimento nesse segmento partir de sua utilização como forma de confirmar recebimento de produtos, além da comprovação da transferência de dados financeiros.

No mercado imobiliário, é bastante usado no contexto das casas inteligentes, permitindo controlar, de forma automática, o cumprimento da compra e venda de um imóvel ou do pagamento de aluguéis. Esse mesmo conceito pode ser utilizado no aluguem de veículos.

No âmbito financeiro, com os contratos inteligentes, é possível se convencionar mútuos feneratícios sem os problemas de ter que lidar com os Bancos ou com diferentes políticas monetárias locais.

Existem potencialidades ainda de aplicação no sistema de eleições[19], comércio de música[20], educação[21] e jurídico[22].

Todas esses exemplos têm um fator importante em comum: a nova forma de confiança, que parte do tradicional para a confiança por computação (*trust-by-computation),* permitindo que as obrigações contratuais (dar, fazer e não fazer) sejam reproduzidas por algoritmos qutornam o seu registro, monitoramento e a execução muito mais fáceis e rápidos, dificultando o inadimplemento ou tornando-o mais custoso.

---

19 COINDESK. West Virginia piloting blockchain app in senate election. mar. 2018. Disponível em: <https://www.coindesk.com/west-virginiapiloting-blockchain-voting-app-in-senate-election>.

20 O'DAIR, Marcus; BEAVEN, Zuleika. The networked record industry: how blockchain technology could transform the record industry. Strategic Change, v. 26, n. 5, pp. 477-479, 2017.

21 TAPSCOTT, Don; TAPSCOTT, Alex. Blockchain revolution: como a tecnologia por trás do Bitcoin está mudando o dinheiro, os negócios e o mundo. São Paulo: Senai-SP, 2016. pp. 247-297.

22 Um exemplo é a plataforma Kleros, que se apresenta como a primeira corte descentralizada do mundo, oferecendo modelo de resolução de disputas operado por meio da rede Ethereum, condicionada à prévia celebração de smart contract que registre a opção das partes pelo uso da plataforma. Os conflitos são resolvidos pelos jurados que são remunerados em criptomoedas, não diretamente pelas partes, mas pela própria plataforma. Disponível em: <https://kleros.io/static/onepager_en-3165e4676c4ed1529064608a83967c23.pdf>/. Acesso em 10 jun. 2021.

Isto é, um modelo célere, barato e efetivo, tudo o que necessita o judiciário brasileiro, em especial, no ecossistema das execuções cíveis, etapa que atualmente engloba mais da metade dos processos em tramitação, sendo considerada uma das principais fontes de morosidade do Poder Judiciário brasileiro.

À vistas dessas premissas, analisar-se-á, no próximo tópico, o estado da arte das execuções cíveis no Brasil.

2. Estado da arte da execução cível no direito brasileiro

O Judiciário brasileiro passou por sensíveis mudanças em relação ao acesso à justiça, a partir da década de 1980. Essas transformações se deram na legislação processual e no desenho institucional do sistema de justiça, impulsionadas pelo cenário de transição política para a democracia do final dos anos de 1970 e pelas exigências de alargamento dos direitos e garantias da cidadania daquele período.

Com a Constituição de 1988, a demanda por serviços de justiça no Brasil acentuou-se de maneira vertiginosa, tornando o Judiciário significativamente moroso e congestionado, com reflexos negativos para a toda sociedade. O aumento da judicialização no Brasil é um fenômeno de causas diversas. Segundo o min. Barroso[23], algumas delas expressam uma tendência mundial; outras encontram-se diretamente ligadas ao modelo institucional brasileiro.

Uma das primeiras causas foi a redemocratização do Brasil ocorrida com a nova Carta da República. Esse ambiente democrático, além de permitir a recuperação das garantias da magistratura, deixando o Judiciário de ser um departamento técnico-especializado e se transmudar em um verdadeiro poder político, capaz de salvaguardar e concretizar Constituição e as leis, contribuiu para o fortalecimento da cidadania, na medida em que proveu a população de informação e de consciência sobre os seus direitos.

Nesse mesmo contexto, deu-se o fortalecimento do Ministério Público, a criação de novos tribunais, a institucionalização da Defensoria Pública e dos Juizados Especiais e, principalmente, a constitucionalização abrangente de direitos civis, políticos e sociais, levando ao Judiciário

23 BARROSO, Luís Roberto. Judicialização, ativismo judicial e legitimidade democrática. [Syn]Thesis, Rio de Janeiro, v. 5, número especial, p. 24 jun. 2012. Disponível em: <http://www.e-publicacoes.uerj.br/index.php/synthesis/article/view/7433/5388>. Acesso em: 26 jan. 2021.

o debate sobre ações concretas ou políticas públicas praticadas nesses temas.

Essa expansão do Poder Judiciário, aliada ao aumento de demanda por justiça na sociedade brasileira, sem o adequado aparelhamento da estrutura para sua oferta, tornou o sistema judicial que já era lento em altamente congestionado, com reflexos negativos para toda a sociedade. Afinal, não basta garantir a entrada da demanda no Poder Judiciário, devendo, sobretudo, permitir a sua saída em conformidade com princípios constitucionais do devido processo legal, efetividade e razoável duração do processo.

Dimensionando essa situação, o relatório "Justiça em Números"[24], elaborado pelo Conselho Nacional de Justiça, identificou, apenas no ano de 2019, no âmbito das Justiças Estaduais, cerca de 42 milhões de processos de execução, todos não criminais, pendentes de resolução, o que equivale a mais da metade das demandas que tramitam no Brasil.

Temos ainda umas das justiças mais caras do mundo, com força de trabalho de 446.142 pessoas e despesas totais que somam R$ 100,2 bilhões, correspondendo a 1,5% do Produto Interno Bruto (PIB), valores que, segundo o estudo de Luciano Da Ros, da Universidade Federal do Rio Grande do Sul[25], são superiores aos de todos os países da Organização para a Cooperação e Desenvolvimento Econômico (OCDE), com exceção dos tribunais suíços e alemães[26].

Considerando que o processo é mero meio para que se obtenha a satisfação de um direito material, segundo a atual concepção instrumental[27], é certo que o atual congestionamento de processos, ao carrear certa dificuldade e lentidão na vazão das demandas e resolução dos direitos levados a juízo, acaba por transmudar o processo em sua própria negação, na medida em que aquilo que deveria ser um horizonte ao direito material acaba se configurando num óbice.

---

24 CONSELHO NACIONAL DE JUSTIÇA (CNJ). Justiça em números 2020: Ano-base 2019. Brasília, 2020.

25 DA ROS, Luciana. O custo da Justiça no Brasil: uma análise comparativa exploratória. The Observatory of Social and Political Elites of Brazil. Núcleo de Pesquisa em Sociologia Política Brasileira da Universidade Federal do Paraná. V. 2, Nº 9, julho/2015. Disponível em: http://observatory-elites.org/wp-content/uploads/2012/06/newsletter-Observatorio-v.-2-n.-9.pdf. Acesso em 05 jan. 2021.

26 O cálculo é feito através do orçamento anual per capita do Poder Judiciário em dólares.

27 LEONEL, Ricardo de Barros. Reformas Recentes do Processo Civil: comentário sistemático. São Paulo: Método, 2007, p. 15

Neste cenário, é imperioso se buscar por soluções que almejem um processo mais fluido e célere, capaz de proporcionar uma jurisdição em período razoável e efetiva. O tempo do processo não deve ser enxergado como meramente cronológico, mas kairológico, pois necessita ser entendido como tempo oportuno[28]. Um tempo devido para, além das sequências de atos, que garanta e permita que os envolvidos na disputa judicial desenvolvam suas teses, antíteses e ofertem as respectivas provas, propiciando ao Estado-Juiz prolatar a decisão mais adequada ao caso concreto e condizente com as garantias processuais.

As soluções têm variada natureza e recaem sobre inúmeros aspectos. Na tarefa de sistematizá-las, Fernando da Fonseca Gajardoni sugere três classes de técnicas de aceleração do processo: as judiciais, as extrajudiciais as extraprocessuais [29].

As técnicas judiciais, atuam em um conflito já processualizado no campo do Poder Judiciário. Seu foco é nos atos processuais que envolvem a relação jurídica processual estabelecida entre as partes e o Estado-Juiz, para torná-los mais simples, rápido e econômico. Há alguns exemplos como a abreviação procedimental, a tutela antecipada e a cassação do efeito suspensivo automático dos embargos à execução.

Por sua vez, as extrajudiciais tem o escopo de desobstruir o Poder Judiciário e dar celeridade a solução de demandas, retirando processos do campo judicial, seja através de autocomposição extrajudicial, autotutela, seja na transferência da heterocomposição para entes externos ao Poder Judiciário.

Tais técnicas já vêm sendo estimuladas e utilizadas ao longo do país. Nos últimos anos, houve grande estímulo aos meios alternativos ao Poder Judiciário para a solução de conflitos, em especial na promoção e utilização das câmaras de conciliação, mediação e arbitragem, bem como à utilização do inventário, partilha, separação e divórcio extrajudiciais[30].

Não obstante esses avanços, são tímidas as tentativas de fomento da execução fora do judiciário, dando-se ainda prevalência às técnicas judiciais, reduzindo os procedimentos executivos já existentes, aumentando os investimentos na estrutura do Poder Judiciário, mas sempre mantendo o processo executivo à presença do juiz.

---

28 FERRAZ, Eric Cesar Marques. Reflexão entre tempo e processo. Revista Jurídica. Volume 478. São Paulo: Síntese, 2017, pp.55-56.

29 GAJARDONI, Fernando da Fonseca. Técnicas de aceleração do processo. São Paulo: Lemos & Cruz, 2003, pp.75 e 76.

30 QUEIROGA, Onaldo Rocha de. Desjudicialização dos litígios. Rio de Janeiro: Renovar, 2012, p. 98.

É nesse contexto que vem à baila o PL 6.204/19 de autoria da Sen. Soraya Thronicke de "Desjudicialização da Execução" que, em brevíssimas linhas, cria o agente de execução, reduzindo custos para o Estado e simplificando o procedimento executivo, de modo a torná-lo mais célere e eficiente na recuperação dos ativos, com reflexos positivos na economia e incremento da circulação de riquezas, proporcionando satisfação integral aos jurisdicionados.

O movimento de desjudicialização dos conflitos é uma tendência mundial, tendo em vista crescente necessidade de melhoria na qualidade da prestação jurisdicional objetivando alcançar um serviço mais célere, com maior eficiência e qualidade, a qual passou a ganhar mais corpo a partir da agenda 2030 ONU-ODS, encampada na esfera nacional com a instituição de Comitê Interinstitucional no Poder Judiciário.

Conforme o referido projeto, a previsão de atuação de agentes de execução, não impede, contudo, o controle do Poder Judiciário em relação aos atos executivos, sempre que provocado pelas partes (suscitação de dúvida) ou pelo denominado agente de execução (consulta). É o que prevê a redação dos artigos 20 e 21.1. Portanto, embora desjudicializada, a execução deve continuar sob o controle e a fiscalização dos magistrados.

Quando aprovado o PL 6204/19 e guardando harmonia e compatibilidade com as previsões do CPC/15, por certo, formará um robusto microssistema legal da execução civil em prol de todos os cidadãos.

A desjudicialização executiva, seguramente, não é a solução definitiva e universal para a morosidade do processo, devendo ser encarada como remédio funcional a alguns aspectos deste cenário, capaz de funcionar como importante agente do movimento de melhoria e aprimoramento da tutela jurisdicional. Mas isso está no porvir.

Mas há instrumentos que, já no presente, o Judiciário pode se valer para melhorar esse quadro: são as chamadas técnicas extraprocessuais, indicada por Gajardoni[31] como uma das soluções para aceleração do processo. Na realidade, elas buscam obter um maior rendimento do sistema do judiciário em si, ou seja, do aparato disponibilizado ao juiz para o exercício da função jurisdicional, tais como estrutura física, corpo de servidores e o aparelhamento tecnológico.

31 GAJARDONI, Fernando da Fonseca. Técnicas de aceleração do processo. São Paulo: Lemos & Cruz, 2003, pp.75 e 76.

Esse último ponto também chama a atenção também de José Rogério Cruz e Tucci[32] que aponta que a insuficiência tecnológica constitui umas das causas decisivas para intempestividade da tutela jurisdicional. Os benefícios do ecossistema de negócios aplicados agora no campo do Judiciário.

É nesse ínterim que a tecnologia disruptiva dos smart contracts surge como importante mecanismo para conferir segurança e agilidade à tramitação de processos no momento da execução, garantindo uma prestação jurisdicional mais adequada e efetiva. São os benefícios do ecossistema de negócios aplicados agora ao campo judicial. Esse é o tema do próximo tópico.

3. O avanço do smart contrat no judiciário: uma solução célere, adequada e eficiente

O desafio de tornar a estrutura dos procedimentos executivos no Brasil mais efetiva não é uma preocupação inédita no Judiciário. Há muito tempo, reconhece-se a crise de efetividade no sistema executivo processual, que não consegue oferecer às partes a satisfação material de um direito atribuído por título executivo ao longo do processo nem a salvaguarda dos direitos fundamentais.

Este cenário tem trazido preocupação a advogados, juízes, professores, todos aqueles que lutam por uma justiça melhor, colocando em discussão a necessidade de se analisar o sistema processual brasileiro a partir de uma ótica multidisciplinar, de maneira a propor novas abordagens distintas com vistas à recuperação de ativos.

Afinal, nada adianta ao cidadão jurisdicionado receber sentença favorável em seu favor após uma longa fase cognitiva ou um simples despacho de admissão de sua execução de título extrajudicial. O que se espera almeja, de fato, é a que obrigação seja cumprida pelo devedor, isto é, o efetivo recebimento do crédito.

Na última década, o Brasil tem vivenciado progressivas alterações estruturais na dinâmica de tramitação dos procedimentos no âmbito da justiça. De início, houve a implantação do processo judicial eletrônico (PJe), cujo cenário de virtualização tem um crescimento vigoroso, sobretudo, a chegada da pandemia do Covid-19.

---

32 TUCCI, José Rogério Cruz e. Tempo e processo: uma análise empírica das repercussões do tempo e da fenomenologia processual (civil e penal). São Paulo: Revista dos Tribunais, 1997, p. 99.

Dierle[33] denomina esse momento de uma verdadeira virada tecnológica na esfera do direito e do direito processual que fomenta uma transformação não somente de natureza instrumental, mas que modifica a racionalidade do sistema de justiça, dos seus institutos, da conduta de seus agentes e atores. Na via do revigoramento desta virada, o autor costuma dividi-la em três etapas: 1) a virtualização (digitalização) dos procedimentos; 2) a automatização de tarefas; 3) a transformação dos modos de ação e trabalho.

A automação já está pautando gradativamente o Poder Judiciário. Existem sistemas que se utilizam de tecnologias disruptivas a fim de imprimir maior celeridade e eficiência à prestação jurisdicional. Vários tribunais brasileiros estão implementando projetos do uso de inteligência artificial e que estão direcionando o judiciário a um inovadora e exitosa perspectiva.

Há algumas iniciativas no âmbito do CNJ, mas ganha relevo o lançamento do "Programa Justiça 4.0" em 24/12/2021, que engloba um conjunto de projetos com o objetivo de promover a completa inovação tecnológica do Poder Judiciário brasileiro, tornando-o integralmente digital e acessível a qualquer cidadão[34].

Esse programa de desdobra em várias ações, com destaque às seguintes: a) implantação por via convencional do Juízo 100% Digital[35]; b)implantação do Balcão Virtual, com o fito de prestar atendimento remoto à população[36]; c) criação do Plataforma Digital do Poder Judiciário (PDPJ), para facilitar o compartilhamento de tecnologias entre tribunais[37]; d) implantação do sistema Codex, que tem duas funções principais: alimentar o DataJud de forma automatizada e transformar, em

---

33 NUNES, Dierle José Coelho. VIRADA TECNOLÓGICA NO DIREITO PROCESSUAL (DA AUTOMAÇÃO À TRANSFORMAÇÃO): SERIA POSSÍVEL ADAPTAR O PROCEDIMENTO PELA TECNOLOGIA?. In: Dierle Nunes, Paulo Henrique dos Santos Lucon, Erik Navarro Wolkart. (Org.). Inteligência Artificial e Direito Processual: Os Impactos da Virada Tecnológica no Direito Processual. 1ed.Salvador: Juspodivm, 2020, v. 1, p. 17.

34 CONSELHO NACIONAL DE JUSTIÇA. Programa Justiça 4.0 trará nova realidade para o Judiciário, afirma FUX. Notícias CNJ/Agência CNJ de Notícias. Disponível em: https://www.cnj.jus.br/programa-justica-4-0-trara-nova-realidade-para-o--judiciario-afirma-fux/ Acesso em: 8 jun. 2021.

35 Conforme Resolução CNJ nº 345, de 9 de outubro de 2020. Disponível em: https://www.cnj.jus.br/wp-content/uploads/2021/02/Cartilha_Justica_4-0_Vers%-C3%A3o_Web_em_17-02-21.pdf. Acesso em: 9 abr. 2021.

36 Resolução CNJ nº 372, de 12 de fevereiro de 2021

37 Resolução CNJ nº 335, de 29 de setembro de 2020.

texto puro, decisões e petições, a fim de ser utilizado como insumo de modelo de inteligência artificial.

Além disso, há ferramentas tecnológicas colocadas à disposição do Poder Judiciário, no âmbito da execução, para realizar a pesquisa de informações, investigação de bens de devedores e penhora, conferindo assim mais celeridade e eficiência aos módulos processuais executivos do processo jurisdicional brasileiro. É o caso do Elis do TJPE e Poti do TJRN

ELIS é um projeto por inteligência artificial, em desenvolvimento do Tribunal de Justiça de Pernambuco, capaz de realizar a análise e triagem de processos de execução fiscal, que representam mais de 50% das ações em trâmite no Estado. O objetivo é tratar de demandas repetitivas, realização de atos burocráticos, classificar os processos e realizar penhoras e consultas em órgãos externos.[38]

Já o Poti é operacionalizado juntamente com as plataformas Clara e Jerimum pelo Tribunal de Justiça do Rio Grande do Norte, em parceria com UFRN. Ele promove automaticamente a penhora de valores nas contas bancárias de devedores, atualiza o valor da execução fiscal e transfere o montante para as contas oficiais indicadas. Se não houver dinheiro na conta, o Poti é programado para fazer novas buscas em períodos consecutivos de 15, 30 e 60 dias.

Apesar das iniciativas operacionais importantes com adesão ao uso de tecnologias, todas dependem, de alguma forma, da figura do juiz, seja de uma decisão que determine um ato de expropriação, seja de um seu click em sistemas de bloqueio como Sisbajud, Renajud etc.

Nesse momento, a ideia é transpor para as execuções judiciais a funcionalidade dos smart contracts da autoexecutoriedade, permitindo a automação de atos e procedimentos mediante a lógica "se X, então Y", na medida em que o adimplemento da condição desencadearia o resultado. Todas essas informações estariam protegidas sob o manto da tecnologia blockchain, garantindo imutabilidade e segurança.

A funcionalidade desse sistema consistiria em permitir a deflagração de atos expropriatórios como penhora, tanto logo fosse constado o inadimplemento do montante condenatório.

No âmbito dos juizados especiais, atualmente, já seria possível vislumbrar a aplicabilidade dessa proposta para solucionar os problemas atinentes à execução. Isto porque, o inciso IV do art. 52 da Lei nº

38 MEDEIROS, Rafael. In: ENASTIC JUSTIÇA 4.0. Inteligência Artificial, a Revolução do Setor Jurídico. Evento realizado em 22. Fev. 2019. Local: sede da DATAPREV em Brasília (DF).

9.099/95, permite que, caso não haja cumprimento voluntário pelo vencido de obrigação de pagar, por exemplo, autoriza o início da execução, sem necessidade de nova citação, incidindo ainda, pela aplicação analógica do CPC, a multa de 10% sobre a condenação.

Registre-se que, inicialmente, era predominante nos nossos tribunais superiores, o entendimento no sentido de que essa sanção cominatória deveria ser aplicada independentemente de posterior intimação, tão logo decorresse o prazo de 15 dias após o trânsito em julgado[39]. Segundo Neves[40], esse também era o entendimento consagrado nos Juizados Especiais e defendido por autorizada doutrina.

Contudo, após divergências, o STJ passou a adotar o entendimento de que o termo inicial para a contagem do prazo de 15 dias para fins da incidência da multa de 10% é a intimação do devedor, na pessoa do seu advogado, e não o trânsito em julgado da sentença condenatória.

Embora haja ocorrido essa mudança de entendimento no âmbito do STJ, o termo inicial para contagem do prazo, em sede de Juizados Especiais Cíveis Estaduais, continua sendo o trânsito em julgado da decisão, por se tratar de órgão especial, com regras e princípios específicos.

Nessa mesma alheta é a compreensão de Santos e Chimenti[41], em que entendem que na situação de título judicial definitivo, dispensa-se nova citação nos juizados. Afinal presume-se (presunção relativa elidível na fase dos embargos à execução) que para se chegar ao título judicial definitivo o devedor já foi instado a cumprir a sentença logo após seu trânsito em julgado.

De fato, segundo o art. 52, III, da 9.099/95, a intimação da sentença será feita, sempre que possível, na própria audiência em que for proferida, sendo que, nessa oportunidade, o vencido será instado a cumprir a sentença tão logo ocorra seu trânsito em julgado, e advertido dos efeitos do seu descumprimento.

Segundo Tourinho Neto e Figueira Júnior (2011, p. 371) tal dispositivo traduz um importante instrumento de pacificação social e resolução de conflitos, pois não são poucos os sucumbentes que desconhecem as consequências drásticas que de uma execução podem naturalmente

---

39 Recurso Especial nº 954.859, da 3ª Turma do STJ, de 16.08.2007

40 NEVES, Daniel Amorim Assumpção. Manual de Direito Processual Civil. 3 ed. Rio de Janeiro: Ed. Método, 2011, 962.

41 SANTOS, Marisa Ferreira. CHIMENTI, Ricardo Cunha. Juizados Especiais Cíveis e Criminais Federais e Estaduais. Sinopses Jurídicas, Tomo II. 9 ed. São Paulo: Saraiva, 2011, v. 15, p.188.

decorrer, tais como arresto, penhora, arrombamento, força policial, adjudicação, leilão ou praça etc.

Em resumo, caso o devedor, condenado ao pagamento de quantia certa - em sentença em que foi instado a adimpli-la e advertido dos efeitos do seu descumprimento - não o efetue no prazo de quinze dias, contados do trânsito em julgado, independentemente de nova intimação, ao montante da condenação será acrescido de multa no percentual de 10%, podendo o magistrado iniciar os atos expropriatórios nesse momento.

Utilizando-se da tecnologia dos contratos inteligentes, a partir da interação entre automação e inteligência artificial, o sistema poderia, ao constatar que não houve o pagamento da referida condenação na conta judicial disponibilizada pelo Juízo, já deflagrar automaticamente penhora on-line, por exemplo, sem a necessidade de que o processo tivesse que voltar para conclusão do juiz para que simplesmente efetuasse um *click* no comando na plataforma Sisbajud. O que, por vezes, demandaria semanas, meses até anos.

Alguns óbices, contudo, poderiam ser criados, quando se estar diante de processo em trâmite no rito ordinário, porquanto o termo inicial do prazo para pagamento (quinze) só se inicia quando a parte vencida for intimada na pessoa de seu patrono para saldar a dívida. Ou seja, é necessária a intimação específica para este fim.

Vale lembrar, no entanto, que o CPC/15 trouxe uma importante alteração no tocante à instituição de convenções processuais pelas partes, permitindo, em comum acordo, a modulação do procedimento, como resultado do princípio da cooperação (art. 6º) e da boa-fé objetiva processual (art. 5º) e do contraditório efetivo (arts. 7º e 9º).

Assim como ocorre com o Programa Justiça Digital 4.0, que demanda o consentimento das partes para permitir que todos os atos processuais possam a ser praticados exclusivamente por meio eletrônico e remoto, nessa mesma perspectiva de convenção processual entre as partes, seria possível a aplicabilidade do atributo da autoexecutoriedade dos contratos inteligentes também no rito ordinário, o qual desencadearia os atos executórios, tão logo expirado o prazo de 15 dias, após o trânsito em julgado, sem que houvesse o pagamento, independentemente de nova intimação de devedor.

Essa proposta poder-se-ia complementar os projetos já em andamento Elis e Poti. A primeira daria início aos executórios de penhora, de maneira automática, após constatar o inadimplemento da obrigação de pagar, e os demais prosseguiriam na análise, classificação dos feitos e na reiteração das ordens de bloqueio, atribuindo assim mais rapidez e eficiência ao processo jurisdicional executivo brasileiro

Talvez haja alguma resistência no afastamento da figura do juiz, mas isso também irá ocorrer com a aprovação dos projetos de desjudicialização da execução. A diferença é que neles os atos serão delegados à pessoa dos agentes de execução, no presente projeto, a delegação é para uma máquina, um software, provido de inteligência artificial, alojado em uma blockchain operando a partir do conceito dos contratos inteligentes. Essa é a ideia dessas novas tecnologias um reposicionamento da confiança de uma autoridade central para códigos de computadores.

Entretanto, para equacionar empecilhos em torno da inflexibilidade e irreversibilidade inicial dos smart contracts, os quais, uma vez atingida a condição programada, por exemplo, "inadimplemento de condenação judicial", se cumprem de forma automática sem possibilidade da emissão de uma contraordem que paralise a sua execução, surge a figura do "Judge as a Service"[42]. Trata-se de espécie de árbitro com poderes técnicos para reverter ou modificais operações realizadas através de smart contracts na Blockchain.

Sob essa perspectiva, Pedro Vilela Resende Gonçalves[43] explica que, durante a criação do smart contract, poderia previamente se definir um indivíduo que analisará as operações e atestará sua validade, tendo poderes para garantir seu cumprimento e desfazer a operação. Isso é muito importante em um cenário de imprevisibilidade em que o devedor, diante de uma ruína ao seu patrimônio ou mácula ao mínimo existencial, não sofreria, mesmo não efetuado pagamento, bloqueio automáticos em seu patrimônio.

Rey[44] aponta alternativa diversa para o enfrentamento dessas questões que seria a inclusão de código autodestrutivo ou suicida capaz de suspender temporariamente ou encerrar definitivamente o funcionamento do smart contract.

Ambas se referem a proposições ainda não plenamente desenvolvidas ou testadas, mas que corroboram a premência das reflexões indicadas.

---

42 GONÇALVES, Pedro Vilela Resende, CAMARGOS, Rafael Coutinho. Blockchain, smart contracts e `Judge as a service´ no Direito Brasileiro. Disponível em: <http://irisbh.com.br/wp-content/uploads/2017/09/Anais-II-Semin%C3%A1rio-Governan%C3%A7a-das-Redes-e-o-Marco-Civil-da-Internet.pdf> Acesso em 06 jun. 2021.

43 Op. cit.

44 REY, Jorge Feliu. Smart contract: conceito, ecossistema e principais questões de direito privado. Revista Eletrônica Direito e Sociedade, Canoas, v. 7, n. 3, p. 21, 2019. Disponível em: https://revistas.unilasalle.edu.br/index.php/redes/article/view/6120. Acesso em: 10 jun. 2021.

O certo é independentemente do modelo que se adote no âmbito dos contratos inteligentes no ecossistema do judiciário, quer seja com a presença do "Judge a Service", quer seja sem a figura do intermediário, os atos da execução continuarão a serem sindicados pelo Judiciário toda vez em que houver ameaça ou violação dos direitos fundamentais do devedor e do credor.

De qualquer sorte, aqui são apenas as linhas teóricas dessa proposição. É importante que o trabalho no futuro continue e seja acompanhado de um estudo por um corpo de técnicos da área da Tecnologia da Informação com o fito de que analisem a qualidade e funcionalidade do protótipo, confirmando sua real aplicabilidade para solucionar os desafios de uma execução. Por certo, há muitas outras propostas que podem se extraídas para o Judiciário a partir dos atributos dos contratos inteligentes.

Considerações finais

Nos últimos anos, o meio digital tem recebido um destaque crescente nas discussões, principalmente, acerca dos seus efeitos jurídicos. A inovação disruptiva tornou-se uma das principais forças motrizes da economia contemporânea, tendo mudado radicalmente a forma como as pessoas trabalham, comunicam-se e acessam informações.

A percepção de uso da tecnologia nos serviços judiciais tem o condão de possibilitar um grande salto de produtividade e de redução de custos.

O Judiciário brasileiro é muito caro, congestionado e moroso. A execução por quantia certa figura como peça central dentro de um quadro de ineficiência do sistema de justiça pátrio. Emerge, assim, a necessidade de se procurar alternativas para solucionar de maneira rápida e efetiva as demandas que avolumam no judiciário.

A solução da crise do acesso à justiça que se desenvolve hoje é uma realidade possível, desde que se tenha objetividade para compreender o desafio que se descortina e determinação.

É nesse contexto que se destacam os smart contracts, contratos inteligentes, com a missão de agilizar os procedimentos e tramitação de processos. Cuidam-se de códigos informáticos autoexecutáveis que traduzem uma relação contratual, com auxílio da tecnologia blockchain, executando ordens predefinidas quando certas condições dentro do sistema são reunidas, dispensando a figura do terceiro de confiança, uma vez que toda a operação é assegurada pela própria arquitetura da programação. Isso proporciona maior fluidez nas relações.

Sua funcionalidade resulta em um rol praticamente inesgotável de utilizações no ecossistema dos negócios, as quais podem ser transportadas também para o judiciário, através da automação de procedimentos e de atos na esfera, em especial, da execução, a qual é composta de mais da metade das demandas que tramitam no país, permitindo, assim, por exemplo, a deflagração de atos expropriatórios como penhora, tanto logo constado o inadimplemento do montante condenatório, sem a necessidade de uma ação humana posterior como a do juiz. Ora, o próprio código (sistema), a partir condições estipuladas nos contratos inteligentes, analisa, a fim de cumprir o previsto

Toda essa operacionalidade se daria a partir da interação entre automação e inteligência artificial e dos atributos da segurança e autoexecutoriedade dos contratos inteligentes.

Nesse panorama, o judiciário deve abrir as portas para os avanços tecnológicos, incorporando inovação e disrupção às suas atividades e processos, com o fito de assegurar mais celeridade e efetividade na resolução das demandas, com a consequente concretização da tutela dos direitos e garantias do credor previstos na Constituição, proporcionando uma efetiva recuperação de ativos.

A proposta é disruptiva, representa uma importante mudança de paradigma. Trata-se de empreitada complexa, mas a imprevisibilidade dos seus resultados não há de esmorecer o ímpeto da investigação.

Como bem alerta Barbosa Moreira[45], não existe fórmula de validade universal para resolver por inteiro a equação da morosidade e efetividade do Judiciário. Há de combinar estratégias e táticas, pondo de lado o receio de se parecer incoerente e ter a noção de que, para enfermidades de diferente diagnóstico, deve-se experimentar remédios também diferenciados: os smart contracts!

Referências bibliográficas

BARBOSA MOREIRA, José Carlos. O futuro da justiça: alguns mitos. In: BARBOSA MOREIRA, José Carlos. Temas de direito processual – oitava série. São Paulo: Saraiva, 2004, pp.6-7.

BARROSO, Luís Roberto. Judicialização, ativismo judicial e legitimidade democrática. [Syn]Thesis, Rio de Janeiro, v. 5, número especial, p.

45 BARBOSA MOREIRA, José Carlos. O futuro da justiça: alguns mitos. In: BARBOSA MOREIRA, José Carlos. Temas de direito processual – oitava série. São Paulo: Saraiva, 2004, pp.6-7.)

24 jun. 2012. Disponível em: <http://www.e-publicacoes.uerj.br/index.php/synthesis/article/view/7433/5388>. Acesso em: 26 jan. 2021.

BECERRIL Gil, ANAHIBY Anyel & ORTIGOZA Limón, Samuel (2018). Habilitadores tecnológicos y realidades del derecho informático empresarial. Revista del instituto de Ciencias jurídicas de Puebla, México. Nueva época vol. 12, nº. 41. pp. 17-18. Disponível: http://www.scielo.org.mx/pdf/rius/v12n41/1870-2147-rius-12-41-11.pdf. Acesso em 26 jun. 2021.

COINDESK. West Virginia piloting blockchain app in senate election. mar. 2018. Disponível em: <https://www.coindesk.com/west-virginiapiloting-blockchain-voting-app-in-senate-election>.

CONSELHO NACIONAL DE JUSTIÇA (CNJ). Justiça em números 2020: Ano-base 2019. Brasília, 2020.

CONSELHO NACIONAL DE JUSTIÇA. Programa Justiça 4.0 trará nova realidade para o Judiciário, afirma FUX. Notícias CNJ/Agência CNJ de Notícias. Disponível em: https://www.cnj.jus.br/programa-justica-4-0-trara-nova-realidade-para-o-judiciario-afirma-fux/ Acesso em: 8 jun. 2021.

DA ROS, Luciana. O custo da Justiça no Brasil: uma análise comparativa exploratória. The Observatory of Social and Political Elites of Brazil. Núcleo de Pesquisa em Sociologia Política Brasileira da Universidade Federal do Paraná. V. 2, Nº 9, julho/2015. Disponível em: http://observatory-elites.org/wp-content/uploads/2012/06/newsletter-Observatorio-v.-2-nº-9.pdf. Acesso em 05 jan. 2021.

GAJARDONI, Fernando da Fonseca. Técnicas de aceleração do processo. São Paulo: Lemos & Cruz, 2003, pp.75 e 76.

GOMES, Delber Pinto (2018). Contratos ex machina: breves notas sobre a introdução da tecnologia Blockchain e Smart Contracts. Revista eletrónica de direito – outubro 2018 – nº 3 (V. 17). pp. 45-46. Disponível em: https://www.cije.up.pt/download-file/2274. Acesso em 15 jun. 2021.

GONÇALVES, Pedro Vilela Resende, CAMARGOS, Rafael Coutinho. Blockchain, smart contracts e `Judge as a service´ no Direito Brasileiro. Disponível em: <http://irisbh.com.br/wp-content/uploads/2017/09/Anais-II-Semin%C3%A1rio-Governan%C3%A7a-das-Redes-e-o-Marco-Civil-da-Internet.pdf> Acesso em 06 jun. 2021.

HASSAN, Samer. FILIPPI, Primavera de. The Expansion of Algorithmic Governance: From Code is Law to Law is Code. pp.88-90. Disponível em: < https://journals.openedition.org/factsreports/4518#tocto1n2 > Acesso em 15 mai. 2021.

IBÁÑEZ Jiménez, Javier W. (2017). 3 Cuestiones jurídicas en torno a la cadena de bloques («blockchain») y a los contratos inteligentes («smart contracts»). Revista cuatrimestral de las Facultades de Derecho y Ciencias Económicas y Empresariales. Ìcade numero 101. p. 2.

LEONEL, Ricardo de Barros. Reformas Recentes do Processo Civil: comentário sistemático. São Paulo: Método, 2007, p. 15.

LESSIG. Lawrence. Código e outras leis do ciberespaço. Nova York: Livros Básicos, 1999.

LEWIS, A. A Gentle Introduction to Blockchain Tecnology. Disponível em: <https://j2-capital.com/gentle-introduction-blockchain-technology>. Acesso em: 14 jun. 2021.

LORENZETTI, Ricardo L. Comércio Eletrônico. São Paulo: Revista dos Tribunais, 2004, p. 287.

MEDEIROS, Rafael. In: ENASTIC JUSTIÇA 4.0. Inteligência Artificial, a Revolução do Setor Jurídico. Evento realizado em 22. Fev. 2019. Local: sede da DATAPREV em Brasília (DF).

NEVES, Daniel Amorim Assumpção. Manual de Direito Processual Civil. 3 ed. Rio de Janeiro: Ed. Método, 2011, 962.

NUNES, Dierle José Coelho. VIRADA TECNOLÓGICA NO DIREITO PROCESSUAL (DA AUTOMAÇÃO À TRANSFORMAÇÃO): SERIA POSSÍVEL ADAPTAR O PROCEDIMENTO PELA TECNOLOGIA?. In: Dierle Nunes, Paulo Henrique dos Santos Lucon, Erik Navarro Wolkart. (Org.). Inteligência Artificial e Direito Processual: Os Impactos da Virada Tecnológica no Direito Processual. 1ed. Salvador: Juspodivm, 2020, v. 1, p. 17.

O'DAIR, Marcus; BEAVEN, Zuleika. The networked record industry: how blockchain technology could.

QUEIROGA, Onaldo Rocha de. Desjudicialização dos litígios. Rio de Janeiro: Renovar, 2012, p. 98.

REY, Jorge Feliu. Smart contract: conceito, ecossistema e principais questões de direito privado. Revista Eletrônica Direito e Sociedade, Canoas, v. 7, nº 3, pp.1-25, 2019. Disponível em: https://revistas.

unilasalle.edu.br/index.php/redes/article/view/6120. Acesso em: 10 jun. 2021.

SANTOS, Marisa Ferreira. CHIMENTI, Ricardo Cunha. Juizados Especiais Cíveis e Criminais Federais e Estaduais. Sinopses Jurídicas, Tomo II. 9 ed. São Paulo: Saraiva, 2011, v. 15, p.188.

SKLAROFF, Jeremy. Smart contracts and the cost of inflexibility, 2017. Disponível em: https://scholarship.law.upenn.edu/penn_law_review/vol166/iss1/5/. Acesso em: 28 jun. 2021.

SZABO, Nick (1996). Smart Contracts: Building Blocks for Digital Markets. Disponível em: < http://www.alamut.com/subj/economics/nick_szabo/smartContracts.html>. Acesso em 12 mai. 2021.

O'DAIR, Marcus; BEAVEN, Zuleika. The networked record industry: how blockchain technology could transform the record industry. Strategic Change, v. 26, nº 5, pp.477-479, 2017

TUCCI, José Rogério Cruz e. Tempo e processo: uma análise empírica das repercussões do tempo e da fenomenologia processual (civil e penal). São Paulo: Revista dos Tribunais, 1997, p. 99.

TUR FAÚNDEZ, Carlos (2018). Smart contracts: análisis jurídico. Colección de derecho de las nuevas tecnologías. Reus Editorial. Madrid. p. 41.

WERBACH, Kevin; CORNELL, Nicolas. Contracts ex machina. Duke Law Journal, v. 67, pp.338-343, 2017.

WITTE, Jan H. (2016). The blockchain: a gentle four page introduction. Record Currency Management, Windsor, UK. Disponível em: https://arxiv.org/pdf/1612.06244.pdf.. Acesso em 15 jun. 2021.

RECUPERAÇÃO DE ATIVOS NA RECUPERAÇÃO JUDICIAL

Mônica Gusmão[1]

1. Introdução

No DL n° 7.661/45, a concordata preventiva tinha por objetivo principal a preservação da atividade comercial exercida pelo comerciante individual ou pela sociedade mercantil. Com a revogação desse diploma legal pela Lei n° 11.101/05, o instituto da concordata foi substituído pela "recuperação judicial e extrajudicial", que tem por objetivo ajudar o devedor a superar sua crise econômico-financeira ocasional. A recuperação tem como propósito principal preservar a atividade econômica organizada (empresa) a fim possibilitar o cumprimento de sua função social que é gerar empregos, tributos e promover a circulação de riquezas.

A Lei n° 11.101/05 é permeada por inúmeros princípios que objetivam conferir maior concretude à aprovação e à homologação do plano de recuperação judicial e, em consequência, alcançar a efetiva recuperação da empresa e a satisfação dos credores por meio da maximização do ativo, da celeridade e da economia processual, entre outros. Embora a recuperação judicial seja um contrato processual em que o devedor e seus credores determinam os limites objetivos do plano de recuperação, a Lei n° 14.112/2020 mitiga a autonomia da vontade das partes positivando a constatação prévia, já aplicada pelo CNJ por meio da conhecida "perícia prévia".

O art. 51-A dispõe:

> "Art. 51-A. Após a distribuição do pedido de recuperação judicial, poderá o juiz, quando reputar necessário, nomear profissional de sua confiança, com capacidade técnica e idoneidade, para promover a constatação exclusivamente das reais condições de funcionamento da requerente e da regularidade e da completude da documentação apresentada com a petição inicial."

---

1 Professora de Graduação e Pós-Graduação, Advogada Consultora, Membro do Ibremp, Membro da Comissão de Rececuperação de Ativos da OAB, autora de vários livros e articulista.

Sempre sustentei a possibilidade de o juiz, quando extremamente necessário, intervir no processo para evitar que empresários de má-fé, antevendo a falência iminente, usassem a recuperação judicial como estratégia para não pagar seus credores[2]:

> "Em tema de recuperação de empresa, o conteúdo ético do processo põe em relevo a figura do juiz e derruba o mito de que o sucesso do pedido de recuperação depende exclusivamente do consenso das diversas classes de credores. Para esses, o juiz abdicaria da função jurisdicional para limitar-se a mero agente homologador da vontade das partes. Não é verdade. O juiz não pode ser mero coadjuvante de cena empresarial da qual nem lhe deram script. Como órgão do Estado, e sendo o processo um instrumento da jurisdição, deve intervir sempre que vislumbrar no pedido de recuperação protelação do devedor. Seja dito: deve concorrer para que o pedido de recuperação não seja embusteiro, um expediente labioso usado pelo devedor para "ganhar tempo" até a efetiva decretação de sua falência, ou para que credores em conluio impeçam ou interfiram maliciosamente na sua concessão, por meio de assembleias. Ao judiciário cabe cuidar para que o devedor não transforme pedido de recuperação em indústria rentável. Deve harmonizar a natureza jurídica da recuperação com a eticidade e a boa-fé objetiva."

A meu ver, a recuperação judicial não é salvo-conduto para toda e qualquer empresa em dificuldade financeira buscar a mão amiga do juiz e sair do sufoco financeiro, mas apenas para aquelas economicamente viáveis, que atravessam verdadeiras e intransponíveis crises econômico-financeiras provisórias, decorrentes das vicissitudes do mercado ou de um fato adverso que escapa à astúcia ou às forças do empresário. Além, é claro, de procurar a efetiva satisfação de credores da forma mais simples e completa possível.

Disso resulta que o princípio da preservação da empresa não pode ser banalizado, sob pena de violar a sua função social. Uma empresa economicamente inviável deve ser extinta, ou o empresário ter sua falência decretada como mecanismo de saneamento do mercado.

Nosso tema é "recuperação de ativos na recuperação judicial de empresas economicamente viáveis". Estudaremos algumas hipóteses que, se bem aplicadas, poderão permitir maior satisfação dos credores.

2 Revista da EMERJ nº 38/2007

2. Meios de Recuperação de Ativos — art. 50

O art. 50 traz rol exemplificativo dos meios de recuperação judicial:

I. Concessão de prazos e condições especiais para pagamento das obrigações vencidas ou vincendas

A renegociação de crédito por meio de remissão parcial das obrigações e dilação de prazo para pagamento é um dos meios mais utilizados pelo devedor em crise. Entendo não haver limitação para a renegociação quanto à natureza do crédito, exceto os trabalhistas e acidentários[3], dada a natureza da recuperação judicial como contrato processual em que as cláusulas contratuais são, em regra, pactuadas entre o devedor e seus credores. O plano deve prever condições razoáveis de aceitação pelos credores e apresentar condições consistentes, pois a rejeição em assembleia de credores ou em termo de adesão pode implicar a falência do devedor.

II. Cisão, incorporação, fusão ou transformação de sociedades e constituição de subsidiária integral ou cessão de cotas ou ações

"*Incorporação*" é a operação pela qual uma ou mais sociedades são absorvidas por outra, que lhes sucede em todos os direitos e obrigações[4].

"*Fusão*" é a operação pela qual se unem duas ou mais sociedades para formar sociedade nova, que lhes sucederá em todos os direitos e obrigações[5]. Na "cisão", a companhia transfere parcelas do seu patrimônio para uma ou mais sociedades constituídas para esse fim, ou já existentes, extinguindo-se a companhia cindida se houver versão de todo o seu patrimônio, ou dividindo-se o seu capital se a versão do patrimônio da cindida for apenas parcial[6]. Os mecanismos de reorganização societária têm de preservar os direitos dos credores, sob pena de eventual atuação do CADE como limitador de concentração de empresas. A recuperação de ativos pode dar-se com a constituição de subsidiária integral[7] ou sociedade unipessoal constituída mediante escritura pública, tendo uma sociedade brasileira como única acionista.

---

3 Art. 54, §§1º e 2º da L.nº 11.101/2005

4 Art. 227 da Lei 6.404/76.

5 Art. 228 da Lei 6.404/76.

6 Art. 229 da Lei 6.404/76.

7 Art. 251 da Lei 6.404/76.

Para Fábio Ulhoa:

> *"A constituição de subsidiária integral serve à segregação de patrimônio, medida útil à preservação das atividades rentáveis, com vistas não só à administração apartada em relação às demais exploradas pela mesma sociedade empresária, como também à obtenção de novos recursos em razão da futura alienação dos ativos e passivos especificamente relacionados a elas. Fora desses contextos, a medida só por si é insuficiente à recuperação de qualquer empresa em dificuldades."*[8]

III. Alteração do controle societário

Este meio de recuperação deve ser conjugado com o inciso IV, alteração do controle acionário e substituição total ou parcial dos administradores do devedor ou modificação de seus órgãos administrativos. Esses dois incisos permitem a alteração do controle das sociedades, que pode ser majoritário ou minoritário. Se majoritário, o próprio sócio controlador aliena sua participação na sociedade; se minoritário, haverá venda da participação de sócio integrante do bloco de controle na sociedade. Nessa hipótese, o devedor opta pela alteração de seu controle societário como meio de recuperação.

IV. Substituição total ou parcial dos administradores do devedor ou modificação de seus órgãos administrativos

Admite-se a modificação na administração da sociedade devedora pela substituição de seus administradores ou modificação dos órgãos administradores. Em geral, a alteração do controle de sociedade implica alteração de seus administradores.

V. concessão aos credores do direito de eleição em separado de administradores e de poder de veto em relação às matérias que o plano especificar

Este meio de recuperação admite o controle mínimo dos credores na administração da sociedade devedora conferindo-lhes direitos extrapatrimoniais como o de eleger em separado os membros da administração. O plano de recuperação judicial também pode conceder o direito de veto a determinadas matérias previstas e previamente elencadas. Nessa hipótese, segundo penso, os credores poderão recuperar seus créditos

---

8 Fábio Ulhoa. **Comentários à Lei de Falências e de Recuperação de Empresas.** Ed. RT. RJ. Ed. 2021.

de forma indireta, pois participarão da sociedade ainda que exercendo um controle mínimo, diferentemente do poder de veto assegurado nas matérias especificadas no plano, pois estarão exercendo verdadeiro poder de fiscalização societária.

VI. Aumento de capital social

A sociedade pode valer-se do aumento de seu capital social para enfrentar situação deficitária e cumprir suas obrigações. Esse aumento tem por base o aporte de dinheiro novo ("*fresh money*") na sociedade pelos próprios sócios ou por terceiros.

VII. Trespasse ou arrendamento de estabelecimento, inclusive à sociedade constituída pelos próprios empregados

"Trespasse" é a venda de todos os bens que integram o estabelecimento do devedor. Na hipótese de *venda judicial* desses bens não haverá sucessão do alienante no passivo transferido.[9] Se, após a venda do estabelecimento, não restarem ao alienante bens suficientes para solver o seu passivo, a eficácia da alienação do estabelecimento depende do pagamento de todos os credores ou do consentimento destes, de modo expresso ou tácito, em trinta dias a partir de sua notificação[10], sob pena da prática de ato de falência[11]. O devedor pode, ainda, valer-se do arrendamento do estabelecimento a terceiros ou a sociedade constituída por seus empregados. Nessas hipóteses haverá a mudança na titularidade da sociedade devedora. Fábio Ulhôa defende a necessidade de autorização do sindicato dos empregados na hipótese de sociedade constituída pelos próprios empregados[12].

Vejamos:

> *"Por meio do contrato coletivo de trabalho, de que podem constar inclusive a redução de salários e mudanças na jornada de trabalho dos empregados da sociedade empresária em crise, alcança-se a recuperação dessa quando diagnosticado serem as obrigações trabalhistas o principal entrave nas contas. Essa medida, claro, depende não só da aceitação dos órgãos da recuperação judicial, durante a tramitação do processo, como principalmente dos empregados atingidos e do*

9 Lei 11.101/05, art. 141, II.

10 Código Civil, art. Art. 1.145.

11 Lei 11.101/05, art. 94,III,"c".

12 Fábio Ulhoa, *op.cit.*

sindicato que os assiste. Sem o contrato coletivo de trabalho, não há renegociação das obrigações ou do passivo trabalhista. Se a devedora optar por promover negociações isoladas com seus empregados, sob o ponto de vista do direito do trabalho pode estar realizando negócios absolutamente ineficazes e, em decorrência, inaptos a viabilizar a reorganização pretendida."

VIII. Redução salarial, compensação de horários e redução da jornada mediante acordo ou convenção coletiva

Este inciso permite a negociação do passivo trabalhista por meio de concessões sobre direitos dos empregados, desde que aprovado por acordo ou convenção coletiva, sob pena de violação da Constituição Federal e da CLT. Entendo que a negociação de obrigações trabalhistas deve abranger a totalidade dos credores, sob pena de ineficácia do ato.

IX. Dação em pagamento ou novação de dívidas do passivo, com ou sem constituição de garantia própria ou de terceiro

Pela "dação em pagamento", a obrigação se extingue com a aceitação pelo credor de prestação diversa da que é devida[13]. Na novação, o devedor contrai com credor nova dívida com objetivo de extinguir a anterior, com ou sem a constituição de garantia[14].

X. Constituição de sociedade de credores

Nesta hipótese, os credores consentem na substituição de seus créditos por participações societárias. São as chamadas "sociedades de credores".

XI. Venda parcial dos bens

A garantia da satisfação dos credores está no patrimônio do devedor, que tem liberdade para alienação de seus bens desde que lhe reste patrimônio suficiente para adimplir suas obrigações. Na recuperação judicial, o devedor pode propor a venda parcial de seus bens como forma de pagar seus débitos, desde que haja a concordância dos credores de acordo com previsão legal a respeito.

---

13 Código Civil, art. 356.

14 Código Civil, art. 360.

XII. Equalização de encargos financeiros relativos a débitos de qualquer natureza, tendo como termo inicial a data da distribuição do pedido de recuperação judicial, aplicando-se inclusive aos contratos de crédito rural, sem prejuízo do disposto em legislação específica

Esta forma de recuperação de ativos muito se assemelha à do inciso VIII, pois trata-se de verdadeira negociação do passivo. Nesta hipótese, as "equalizações" são oferecidas aos credores.

Para Manoel Justino Bezerra Filho,

> *"A medida insere-se no contexto de renegociação do passivo do devedor que explora a empresa em situação crítica. Por ela, bancos e empresas de fomento mercantil padronizam os encargos financeiros de seus créditos, ajustando-os ao menor dos praticados no mercado (em idênticas condições, bem entendido). Trata-se de impor a determinados credores redução no seu direito creditório, sob a justificativa de que ela não lhes acarretará prejuízo. Como o mercado está praticando juros menores, os concorrentes desses credores demonstram ter como operar abaixo das taxas contratadas por eles."*[15]

XIII. Usufruto da empresa

"Usufruto" é um direito real sobre coisas alheias, que confere ao usufrutuário a posse, o uso, a administração e a percepção dos frutos (rendas).[16] Nessa forma de recuperação judicial o devedor propõe um terceiro — *usufrutuário* — para dirigir as atividades da empresa com reversão dos frutos em benefício próprio. O empresário individual ou sócios da sociedade continuam com a titularidade da empresa, mas o *usufrutuário* assume a sua administração com a vantagem da percepção de frutos.

XIV. Administração compartilhada

Um dos meios de recuperação é a administração compartilhada total ou parcialmente entre o devedor e seus credores, em geral nas decisões administrativas que envolvam o interesse da empresa. Segundo penso, essa medida tem de ser vista com reservas pois pode provocar o engessamento da própria recuperação judicial.

---

15 **Lei de Recuperação de Empresas e Falência**, Ed. RT/RJ, 2019.

16 Código Civil, art. 1.390

XV. *Emissão de valores mobiliários*

A sociedade em recuperação — especialmente a anônima —pode optar pela emissão de valores mobiliários previstos na L. n° 6.404/76: debêntures, partes beneficiárias e bônus de subscrição ou o *comercial papper*[17].

XVI. *Constituição de sociedade de propósito específico para adjudicar, em pagamento dos créditos, os ativos do devedor*

XVII. *Conversão de dívida em capital social*

O inciso trata da conversão da dívida do devedor em participação societária. Como observa Fábio Ulhoa,

> "A conversão de dívida em participação societária (a lei incorre numa imprecisão ao falar em "capital social") é um meio bastante oportuno de recuperação judicial. O credor troca o direito de crédito pelo investimento na empresa explorada pela sociedade devedora. Quer dizer, ele só receberá algo, se os negócios prosperarem e gerarem lucros; e, em seguida, houver a distribuição destes entre os sócios (pagamento de dividendos, se for uma sociedade anônima)."[18]

XVIII. *Venda integral da devedora, desde que garantidas aos credores não submetidos ou não aderentes condições, no mínimo, equivalentes àquelas que teriam na falência, hipótese em que será, para todos os fins, considerada unidade produtiva isolada*

Hipótese de difícil entendimento já que o inciso menciona a venda integral da devedora, o que implicaria a dissolução total da sociedade, verdadeiro contrassenso em sede de recuperação judicial.

> *§ 1º Na alienação de bem objeto de garantia real, a supressão da garantia ou sua substituição somente serão admitidas mediante aprovação expressa do credor titular da respectiva garantia.*
>
> *§ 2º Nos créditos em moeda estrangeira, a variação cambial será conservada como parâmetro de indexação da correspondente obrigação e só poderá ser afastada se o credor titular do respectivo crédito aprovar expressamente previsão diversa no plano de recuperação judicial.*

---

17 IN n° 134/90/CVM

18 Fábio Ulhoa, *op.cit.*

> *§ 3º Não haverá sucessão ou responsabilidade por dívidas de qualquer natureza a terceiro credor, investidor ou novo administrador em decorrência, respectivamente, da mera conversão de dívida em capital, de aporte de novos recursos na devedora ou de substituição dos administradores desta.*

Houve ampliação das hipóteses de não configuração de sucessão trabalhista quando a empresa adquirente assumir as dívidas trabalhistas da empresa adquirida. Assim, segundo o § 3º do art. 50, "Não haverá sucessão ou responsabilidade por dívidas de qualquer natureza a terceiro credor, investidor ou novo administrador em decorrência, respectivamente, da mera conversão de dívida em capital, de aporte de novos recursos na devedora ou de substituição dos administradores desta".

> *§ 4º O imposto sobre a renda e a Contribuição Social sobre o Lucro Líquido (CSLL) incidentes sobre o ganho de capital resultante da alienação de bens ou direitos pela pessoa jurídica em recuperação judicial poderão ser parcelados com atualização monetária das parcelas, observado o seguinte: I – o disposto na Lei nº 10.522, de 19 de julho de 2002; e II – a utilização, como limite, da mediana de alongamento no plano de recuperação judicial em relação aos créditos a ele sujeitos.*
>
> *§ 5º O limite de alongamento de prazo a que se refere o inciso II do § 4º deste artigo será readequado na hipótese de alteração superveniente do plano de recuperação judicial.*

3. Apresentação de plano de recuperação judicial pelos credores

A Lei nº 14.112/2020 inovou ao permitir a possibilidade da apresentação de plano alternativo pelos credores, na hipótese de rejeição do plano apresentado pelo devedor:

> *"Art. 56.*
>
> *(...)*
>
> *§ 4º Rejeitado o plano de recuperação judicial, o administrador judicial submeterá, no ato, à votação da assembleia-geral de credores a concessão de prazo de 30 (trinta) dias para que seja apresentado plano de recuperação judicial pelos credores.*
>
> *(...)*
>
> *§ 8º Não aplicado o disposto nos §§ 4º, 5º e 6º deste artigo, ou rejeitado o plano de recuperação judicial proposto pelos credores, o juiz convolará a recuperação judicial em falência."*

Segundo penso, essa inovação pode acabar frustrando o processo de recuperação judicial porque somente o devedor em crise financeira tem a "sensibilidade econômica" para buscar o equilíbrio de seu negócio e maximizar seu ativo. A ingerência dos credores no processo de recuperação judicial pode engessar a atuação do empresário e causar verdadeiro retrocesso na otimização do ativo, podendo até mesmo inviabilizar o cumprimento da recuperação judicial, ainda que prestada a caução exigida por lei e mesmo que observados os princípios da celeridade e da menor onerosidade para o devedor.

4. Alienação judicial de filiais — unidades produtivas isoladas — arts. 60 e 60-A

Uma das formas de recuperação de ativos dos credores é a alienação judicial de filiais ou de unidades produtivas isoladas do devedor conforme disposto no art. 60 e seu parágrafo único:

> "Art. 60. Se o plano de recuperação judicial aprovado envolver, o juiz ordenará a sua realização, observado o disposto no art. 142 desta Lei.
>
> Parágrafo único. O objeto da alienação estará livre de qualquer ônus e não haverá sucessão do arrematante nas obrigações do devedor, inclusive as de natureza tributária, observado o disposto no § 1o do art. 141 desta Lei."

A venda de unidades produtivas isoladas do devedor em recuperação, bens em bloco ou isolados deve obedecer as modalidades listadas no art. 142 L. n°11.101/05, alterado pela L. n° 14.112/2020. Atualmente, a venda pode ser feita por leilão eletrônico, presencial ou híbrido, ou processo competitivo organizado por agente especializado e de reputação ilibada, cujo procedimento deverá ser detalhado em relatório anexo ao plano de realização do ativo ou ao plano de recuperação judicial, conforme o caso, ou qualquer outra modalidade, desde que aprovada nos termos da lei.

A expressão "unidade produtiva isolada" não se confunde com o "trespasse" previsto no art. 50, VI. Trespasse é a venda em conjunto de todos os elementos — bens tangíveis e intangíveis — do estabelecimento. O art. 60-A permite a alienação conjunta ou separada de ativos, que pode abranger direitos ou ativos de qualquer natureza, sejam tangíveis ou intangíveis, isolados ou em conjunto, bem como as participações dos sócios.

Não haverá sucessão na compra de unidade produtiva isolada quando da alienação *judicial* de bens, como previsto no art. 141, II:

> *"Art. 141. Na alienação conjunta ou separada de ativos, inclusive da empresa ou de suas filiais, promovida sob qualquer das modalidades de que trata o art. 142:*
>
> *(...)*
>
> *II – o objeto da alienação estará livre de qualquer ônus e não haverá sucessão do arrematante nas obrigações do devedor, inclusive as de natureza tributária, as derivadas da legislação do trabalho e as decorrentes de acidentes de trabalho."*

Na recuperação judicial, a inexistência de sucessão tem por objetivo principal recuperar os créditos e maximizar o ativo do devedor com maior entrada de recursos novos para pagamento de credores. A venda da unidade produtiva isolada pode se dar pelo "*drop down*," (transmissão de bens tangíveis e intangíveis de uma sociedade (cedente) para outra (receptora), sem sucessão, e com a transferência da participação societária.

Segundo Gustavo Tepedino,

> *"É a operação em que a sociedade empresária (aqui chamada de sociedade conferente), a título de integralização do capital de uma subsidiária (aqui denominada sociedade receptora), verte nesta última a empresa organizada sobre o seu nome, ou unidades produtivas dela, mediante o aporte de todo o seu estabelecimento ou algum de seus estabelecimentos e outros elementos necessários ao exercício da atividade cedida, recebendo em troca ações ou quotas representativas do capital social da sociedade receptora"*[19].

E continua:

> *"Ao referir-se à constituição de subsidiária integral como meio de recuperação judicial, quis o legislador com toda a certeza aludir a uma operação societária atípica: o chamado dropdown, onde a subsidiária integral é constituída com a finalidade de receber o estabelecimento*

19 TEPEDINO, Ricardo. **O trespasse para subsidiária** (Dropdown). In: CASTRO, Rodrigo R. Monteiro de; ARAGÃO, Leandro Santos de (Coord.). **Direito societário e a nova lei de falências e recuperação de empresas**. SP: Quartier Latin, 2006. pp. 57-83.

> *empresarial da sociedade que a cria. Como dito no item 1 supra, batizei-a, a fim de escapar do desnecessário anglicismo, de trespasse para subsidiar, nomenclatura que, se nada tem de inspirada, representa ao menos uma tentativa, ainda que imperfeita, de figurar a operação, como a seguir se perceberá. (TEPEDINO, 2006, p. 63).*

5. Indisponibilidade dos bens do devedor fora da recuperação judicial — art. 66

Salvo autorização judicial, após a oitiva do Comitê de Credores ou, na inexistência desse órgão, do administrador judicial, a distribuição do pedido de recuperação judicial pelo devedor determina a indisponibilidade dos bens e direitos de seu ativo não circulante. O art. 66 da Lei n° 11.101/2005 sofreu profunda alteração com a Lei n° 14.112/2020 ao permitir que credores titulares de mais de 15% (quinze por cento) do valor total de créditos sujeitos a recuperação judicial tenham o direito de interferir no processo de venda dos bens, com a possibilidade de requererem convocação de assembleia geral para a deliberação sobre a realização da venda. Na recuperação judicial, o efeito é diferente, pois os bens do devedor não são arrecadados para venda, salvo se houver previsão no plano de recuperação judicial. Como disse, e repiso, essa alteração pode frustrar o processo de recuperação judicial porque permite a intromissão dos credores num momento delicado da vida do empresário em que somente ele pode ter "sensibilidade econômica" para buscar o equilíbrio de seu negócio e maximizar seu ativo. Como se diz popularmente, "cada um sabe onde lhe aperta o calo". A ingerência dos credores no processo de venda dos bens do devedor pode engessar a ação do empresário e causar retrocesso na otimização do ativo, podendo até mesmo inviabilizar o cumprimento da recuperação judicial, ainda que prestadas todas as cautelas exigidas por lei e mesmo que observados os princípios da celeridade e da menor onerosidade para o devedor."

Assim também pensa Fábio Ulhoa:

> *"Aliás, com a alteração no art. 66, o mais provável é que os agentes econômicos só se interessem por começar a conversar sobre a aquisição de bens do ativo não circulante de uma sociedade em recuperação judicial após o transcurso in albis do quinquídio seguinte à publicação da autorização judicial para a venda. Somente nesse cenário é que a recuperanda pode se apresentar ao mercado como um proprietário liberado para dispor de seu bem; gastar tempo e dinheiro em negociações antes disso é desperdício, porque elas se frustrariam com a interferência dos credores."*

O STJ já se manifestou sobre o tema:

> *"RECURSO ESPECIAL. RECUPERAÇÃO JUDICIAL. AUTORIZAÇÃO JUDICIAL PARA ALIENAÇÃO DE BENS QUE INTEGRAM O ATIVO PERMANENTE DAS SOCIEDADES DEVEDORAS. OBSERVÂNCIA DOS REQUISITOS DO ART. 142 DA LEI Nº 11.101/05. DESNECESSIDADE. NORMA QUE SE DESTINA À REALIZAÇÃO DO ATIVO DE SOCIEDADES FALIDAS. EXCEÇÃO LEGAL (ART. 60 DA LFRE) QUE PREVÊ SUA INCIDÊNCIA EM PROCESSOS DE SOERGUIMENTO UNICAMENTE QUANDO SE TRATAR DE ALIENAÇÃO DE FILIAIS OU UNIDADES PRODUTIVAS ISOLADAS. ART. 870 DO CPC/15. INAPLICABILIDADE. HIPÓTESES DE INCIDÊNCIA DISTINTAS DA SITUAÇÃO DOS AUTOS.*
>
> *1. Recuperação judicial distribuída em 12/11/2013. Recurso especial interposto em 28/7/2017. Autos conclusos à Relatora em 4/4/2019. 2. O propósito recursal é definir se, uma vez reconhecida a utilidade e a urgência na alienação de bens integrantes do ativo permanente de empresa em recuperação judicial, o juiz deve observar a sistemática prevista no art. 142 da Lei nº 11.101/05. 3. A Lei de Falência e Recuperação de Empresas prevê, em seu art. 66, a possibilidade de alienação de bens integrantes do ativo permanente do devedor. Para tanto, o juiz responsável pela condução do processo deve autorizar a venda, caso reconheça a existência de evidente utilidade na adoção de tal medida. Não há exigência legal de qualquer formalidade específica para avaliação dos ativos a serem alienados, incumbindo ao juiz verificar as circunstâncias específicas de cada caso e adotar as providências que entender cabíveis para alcançar o melhor resultado, tanto para a empresa quanto para os credores e demais interessado 4. Os dispositivos apontados como violados pela recorrente não guardam relação com a hipótese fática dos autos: o art. 142 da LFRE cuida de matéria afeta, exclusivamente, a processos de falência, regulando de que forma será efetuada a realização do ativo da sociedade falida; o art. 60 do mesmo diploma legal possui como hipótese de incidência a alienação judicial de filiais ou de unidades produtivas isoladas do devedor; e o art. 870 do CPC/15 trata, tão somente, de enunciar os sujeitos encarregados pela determinação do preço de bens penhorados em processos de execução por quantia certa. 5. A Lei nº 11.101/05 contém mecanismos de fiscalização e controle dos negócios praticados pelo devedor, a fim de que não sejam frustrados os interesses dos credores. Uma vez deferido o processamento da recuperação judicial, as atividades da sociedade passam a ser rigorosamente fiscalizadas pelo administrador judicial e, quando houver, pelo comitê de credores, sendo certo que todos eles, juntamente com o devedor, respondem pela prática de atos*

> *incompatíveis com o bom andamento da ação recuperacional. RECURSO ESPECIAL NÃO PROVIDO. (REsp 1.819.057 - RJ, Rel. Min. Nancy Andrighi)."*

A despeito do entendimento jurisprudencial, penso que a interpretação sistemática da L. n° 11.101/2005 leva o intérprete a concluir que não há sucessão na venda de ativos fora do plano de recuperação. Entendimento contrário fere a lógica interna do processo recuperatório e nega os princípios fundamentais da preservação e da função social da empresa, além de negar o próprio espírito da recuperação judicial, que é o de permitir a recuperação de empresas economicamente viáveis.

6. Teoria da Desconsideração da Personalidade Jurídica

A desconsideração da personalidade jurídica implica suspensão da personalidade jurídica, pelo judiciário, no curso do processo, permitindo que, excepcionalmente, sejam ampliados os limites subjetivos da relação processual para alcançar o patrimônio dos sócios e coibir os efeitos de fraude comprovada por desvio de finalidade e confusão patrimonial, impedindo que os sócios ou terceiros se locupletem indevidamente à custa da pessoa jurídica, sendo uma efetiva ferramenta de recuperação de ativos na falência e recuperação judicial.O art. 50 do Código Civil positivou a teoria da desconsideração da personalidade jurídica, nestes termos:

> *"Art. 50. Em caso de abuso da personalidade jurídica, caracterizado pelo desvio de finalidade ou pela confusão patrimonial, pode o juiz, a requerimento da parte, ou do Ministério Público quando lhe couber intervir no processo, desconsiderá-la para que os efeitos de certas e determinadas relações de obrigações sejam estendidos aos bens particulares de administradores ou de sócios da pessoa jurídica beneficiados direta ou indiretamente pelo abuso."*

Parte da doutrina admite a divisão da teoria da desconsideração em "teoria maior" e "teoria menor". Para os adeptos da *teoria maior*, a personalidade jurídica da sociedade pode ser desconsiderada sempre que se provar a existência de fraude em sentido lato. Para a *teoria menor*, a fraude é irrelevante, bastando para sua aplicação a comprovação da simples insatisfação do crédito.

A Lei n° 14.112/2020 introduziu o art. 82-A e seu parágrafo único na Lei n° 11.101/05, desta forma:

> *"Art. 82-A. É vedada a extensão da falência ou de seus efeitos, no todo ou em parte, aos sócios de responsabilidade limitada, aos controladores e aos administradores da sociedade falida, admitida, contudo, a desconsideração da personalidade jurídica.*
>
> *Parágrafo único. A desconsideração da personalidade jurídica da sociedade falida, para fins de responsabilização de terceiros, grupo, sócio ou administrador por obrigação desta, somente pode ser decretada pelo juízo falimentar com a observância do art. 50 da Lei nº 10.406, de 10 de janeiro de 2002 (Código Civil) e dos arts. 133, 134, 135, 136 e 137 da Lei nº 13.105, de 16 de março de 2015 (Código de Processo Civil), não aplicada a suspensão de que trata o § 3º do art. 134 da Lei nº 13.105, de 16 de março de 2015 (Código de Processo Civil)."*

O art. 82-A ratificou o art. 82, *caput*, no ponto em que exige o ajuizamento de ação ordinária para apuração da responsabilidade pessoal dos sócios de responsabilidade limitada, dos controladores e dos administradores da sociedade falida. A inovação foi a previsão expressa da aplicação da teoria desconsideração da personalidade jurídica na falência como forma de recuperação mais célere do ativo. O parágrafo único prevê sua aplicação em relação a terceiros, grupo societário, sócios ou administradores por obrigação contraída pela pessoa jurídica.

Segundo entendo, nessa hipótese, se o pedido de desconsideração não for originário, deve ser feito por meio de incidente de desconsideração da personalidade jurídica a ser arguido perante o juízo da falência. Pela literalidade do parágrafo único do art. 82-A penso que o pedido tem de ser amparado na *teoria maior*, pois há a referência ao art. 50 do Código Civil, que a positivou, somente admitindo-a no caso de desvio de finalidade e confusão patrimonial.

A COOPERAÇÃO JURÍDICA INTERNACIONAL EM MATÉRIA PENAL COMO INSTRUMENTO DE RECUPERAÇÃO DO PRODUTO DO CRIME DE CORRUPÇÃO TRASNACIONAL

Bernardo Braga e Silva[1]

Introdução

Embora não haja unanimidade acerca do marco temporal em que se verificou o surgimento do fenômeno econômico-político-cultural da globalização - sendo até mesmo sustentado a possibilidade de remontar aos idos do século XVI[2] -, fato é que, principalmente após a década de 70 do século passado, suas consequências têm se intensificado, o que acabou por alterar a forma como as pessoas e as instituições estatais ou privadas passaram a se relacionar.

Vista como um "processo de interconexão financeira, econômica, social, política e cultural que se intensifica com o barateamento dos transportes e a incorporação das novas tecnologias e da comunicação"[3], a globalização passou a desenhar uma estrutura mundial em que entes nacionais e transnacionais se interrelacionam de tal forma que passa a não se verificar mais a existência de um poder hegemônico, seja sob ponto econômico ou político[4].

Nesse contexto em que os Estados-nações se encontram em crise[5] pela impossibilidade de se conter os reflexos das ações de seus cidadãos aos limites de suas fronteiras territoriais, surge a necessidade da busca

---

1 Advogado criminalista. Doutor e mestre em Direito Processual (UERJ). Especialista em Direito Penal Econômico Europeu (Universidade de Coimbra). Professor de Direito Penal e Processual Penal da Escola da Magistratura do Estado do Rio de Janeiro (EMERJ) e do IBMEC/RJ.

2 Neste sentido: BRAUDEL, Fernand. **Civilização material, economia e capitalismo: séculos XV - XVIII**. Tradução: Telma Costa. 3º Volume. São Paulo: Martins Fontes, 1996.

3 SERRANO, J.M. *"La globalización"*. in ***Cuadernos Cristianisme i justicia***, nº 103, Barcelona, 2000.

4 BECK, Ulrich. ***¿Qué es la globalización? Falacias del globalismo, respuestas a la globalización***, Paidós: Barcelona, 1998.

5 Como bem apontado por Reichel e Albanese, o Estado deixa de ser o protagonistas das relações internacionais, sendo substituído pelas relações diretas entre indivíduos e grupos sociais. REICHEL, Philip L.; ALBANESE, Jay. ***Handbook of Transnational Crime and Justice***. Thousand Oaks: Sage, 2014.

por novas respostas, por parte do sistema judicial criminal, ante a "desterritorialização dos relacionamentos político-sociais"[6].

Isso porque a facilidade da troca de informações entre cidadãos localizados nos mais distintos cantos do planeta aliada à diminuição dos obstáculos à livre circulação do capital e de pessoas fazem com que se desenvolva, no cenário internacional, a chamada "criminalidade transnacional", que passa então a monopolizar a atenção de organismos nacionais e internacionais de segurança pública.

Não se ignora que a comunidade internacional, ao menos desde o século XIX, já vinha se preocupando com determinadas espécies delitos gravíssimos, integrantes do Direito Internacional Penal[7], que, por afrontarem a ideia de humanidade[8], geram graves repercussões e transcendem as fronteiras dos Estados - como, por exemplo, o genocídio, a pirataria e, mais recentemente, o terrorismo.

Contudo, é apenas com a configuração da nova ordem social globalizada que o crime transnacional passa a ganhar maior relevância, podendo ser apresentado, na forma do artigo 3º, parágrafo 2º, da Convenção das Nações Unidas contra o Crime Organizado Transnacional, de quatro formas: (a) aquele cometido em mais de um Estado; (b) ainda que cometido num só país, que tenha parte substancial de sua preparação, planejamento, direção ou controle em outro Estado; (c) que envolva a participação de um grupo criminoso organizado que pratique atividades criminosas em mais de um Estado nacional; ou, por último, (d) aquele que produza efeitos substanciais noutro país.

Passam então a se suceder diversos tratados internacionais, por meio dos quais os países signatários se comprometem a investigar, processar e prevenir a prática de crimes transnacionais[9], dentre os quais assume particular importância para o presente trabalho a Convenção

---

6 STELZER, Joana. "O fenômeno da transnacionalização da dimensão jurídica". in CRUZ, Paulo Marcio & STELZER, Joana (org). **Direito e Transnacionalidade**. Curitiba: Juruá, 2011, p. 16

7 São os chamados "ilícitos internacionais penais", que, segundo Cryer et alt., são assim classificados por poderem ser submetidos ao julgamento de cortes internacionais. CRYER, R. et alt. ***An Introduction to International Criminal Law and Procedure***. New York: Cambridge University Press, 2012. p. 3

8 SHAWN, M. N. Intenational Law, p. 472

9 Como, por exemplo, a Convenção Contra o Tráfico Ilícito de Entorpecentes e Substâncias Psicotrópica, de 20 de dezembro de 1988, introduzida em nosso ordenamento jurídico pelo Decreto n. 154, de 26 de junho de 1991, e a Convenção das Nações Unidas contra o Crime Organizado Transnacional, introduzida no ordenamento jurídico brasileiro pelo Decreto n. 5.015, de 12 de março de 2004.

das Nações Unidas contra a Corrupção, de 31 de outubro de 2003, denominada "Convenção de Mérida", introduzida no ordenamento jurídico brasileiro pelo Decreto nº 5.687, de janeiro de 2006.

O referido instrumento internacional refletiu a enorme preocupação global com a disseminação, principalmente nos países em desenvolvimento, do enriquecimento ilícito, tanto do agente público corrupto quanto do particular corruptor, extremamente nocivo para as instituições democráticas e a regularidade das relações público-privadas, e buscou estabelecer mecanismos para prevenir e detectar com maior eficácia as transferências internacionais de ativos adquiridos ilicitamente com o produto do crime de corrupção, bem como desenvolver a cooperação internacional para a recuperação destes ativos.

Nesse sentido, a cooperação jurídica entre os países em que possivelmente tais valores transitaram, regrada não apenas pela Convenção de Mérida, mas também por acordos bilaterais eventualmente celebrados pelo Brasil com outros Estados nacionais, se torna, então, o principal instrumento para a recuperação, pelos entes estatais lesados, dos valores desviados dos cofres públicos.

1. A corrupção transnacional e a ocultação dos valores oriundos do delito

O ordenamento jurídico nacional tipifica as modalidades do delito de corrupção nos artigos 317 e 333 do Código Penal Brasileiro, vedando, com o mesmo grau de reprovabilidade, tanto o recebimento ou a solicitação da quantia por parte do agente público, motivada pela função estatal (corrupção passiva), quanto o oferecimento ou a promessa de vantagem indevida pelo particular (corrupção ativa).

A transnacionalidade da referida conduta típica é verificada na prática em basicamente duas hipóteses: (i) quando o próprio agente corruptor se encontra no estrangeiro e o funcionário público corrupto em território nacional (ou vice-versa), denotando o caráter internacional da transação ilícita; (ii) ou casos mais corriqueiros em que as condutas de corrupção se desenvolvem integralmente em um país, mas a vantagem ilícita é enviada, de forma escamoteada, ao exterior, ou mesmo recebida furtivamente diretamente no estrangeiro.

A preocupação internacional com a primeira modalidade traduziu-se no *Foreign Corrupt Practices Act* (FCPA), editado pelo Congresso dos Estados Unidos da América em 1977 e considerado um marco do Direito Penal Econômico, que propiciou a criação de instrumentos eficazes para a *Security and Exchange Comission* ("SEC")[10] e o *Department of Justice* ("DOJ") combater e prevenir a prática de atos de corrupção transnacional por empresas com operações nos EUA, referentes a atividade econômicas desenvolvidas com governos estrangeiros[11], bem como trouxe, para o centro da discussão mundial, a necessidade de instauração e desenvolvimento de programas efetivos de *compliance* nas sociedades empresárias para evitar a prática de condutas delitivas.

Inclusive, a alegação de que empresas norte-americanas poderiam acabar prejudicadas em concorrências internacionais por força da rigidez do referido ato legislativo, acabaram por justificar a pressão do governo dos EUA para a adoção de políticas anticorrupção por parte dos demais agentes econômicos mundiais, o que resultou na adoção pela OCDE[12], em 1997, da Convenção sobre o Combate da Corrupção de Funcionários Públicos Estrangeiros em Transações Comerciais Internacionais, ratificada por dezenas de países[13].

Já a segunda modalidade mais comum de corrupção transnacional, em que apenas a vantagem ilícita é enviada ou recebida no exterior, mostrou-se particularmente preocupante em território brasileiro, principalmente nos últimos anos, com os inúmeros episódios de mercancia do serviço público, por parte até mesmo de membros do legislativo, desvelados no bojo da notória "Operação Lava-jato"[14].

---

10 Agência governamental norte-americana encarregada de regular o mercado mobiliário e proteger os investidores.

11 Assim resume Baruch, acerca das atividades ilícitas alvo do FCPA: "*The activity prohibited by the act has five separate facets or parts: (1) the use of an instrumentality of interstate commerce (such as the telephone or the mails) in furtherance of, (2) a payment, or even an offer to pay, "anything of value," directly or indirectly, (3) to any foreign official with discretionary authority or to any foreign political party or foreign political candidate, (4) if the purpose of the payment is the "corrupt" one of getting the recipient to act (or to refrain from acting), (5) in such a way as to assist the company in obtaining or retaining business for or with or directing business to any person.*" BARUCH, Hurd. "*The Foreign Corrupt Practices Act*". ***Harvard Business Review***, jan./fev.,1979.

12 Sigla referente à Organização para a Cooperação e Desenvolvimento Econômico.

13 Tal instrumento foi introduzido em nosso ordenamento jurídico pelo Decreto 3.678, de 30 de novembro de 2000.

14 Apresentando os dados da referida operação quanto à utilização dos instrumento de cooperação jurídica internacional, ver: CHAVES, Bruna Salgado; OLIVEIRA, Lorena Franco. "Questões controvertidas do auxílio direto na recuperação de ativos provenientes de atos de corrupção à luz da ordem pública: análise crítico-reflexiva a partir de dados de cooperação internacional no bojo da Operação Lava Jato". in **E-Civitas – Revista Científica do Curso de Direito do UNIBH, Belo Horizonte**, Volume XII, número 2, pp. 212-248, dezembro 2019.

A experiência demonstra que, na maioria dos casos, a internacionalização do pagamento da propina é realizada com o único objetivo de ocultar das autoridades investigativas o produto do crime anteriormente praticado, tornando mais fácil a utilização dos valores indevidos, bem como a impunidade da conduta antecedente[15].

Os artifícios utilizados para tal mascaramento, em quase sua totalidade, envolvem a utilização do sistema bancário e econômico internacional como forma de envio de valores para contas *offshore* abertas em nome de terceiros (como parentes ou amigos do agente público) ou de sociedades empresárias em que o funcionário estatal não figura ostensivamente como sócio, sediadas, principalmente, nos chamados "paraísos fiscais", que além de fornecerem diversas benesses tributárias, costumam garantir o sigilo nas atividades do investidor e não estabelecem mecanismos institucionais eficazes para troca de informações com as autoridades governamentais estrangeiras[16].

Ainda que haja acalorada discussão[17] acerca desse procedimento de ocultação de valores justificar ou não a punição dos agentes também

---

15 Nesse sentido, Alves e Sousa: "Com efeito, além do aspecto de pretensão de atribuição de uma aparência de legalidade ao capital de origem ilícita, o fenômeno em destaque tem como uma de suas principais características a internacionalização. No caso, a própria transnacionalidade coloca-se como parte do delito em virtude da sofisticação das etapas da lavagem, que, cada vez mais, exigem mais complexas operações que viabilizem a dificuldade de sua perseguição. Igualmente, o sistema econômico moderno resta-se interconectado, capaz de fornecer os meios para a referida desalgemização nacional dos capitais ilícitos, mas também de abalar-se mundialmente, sem fronteiras." (ALVES, André Gomes de Sousa; SOUSA, Marana Sotero. "Lavagem de dinheiro e cooperação internacional: perspectivas político-econômicas em torno da responsabilidade das instituições financeiras". **Revista Brasileira de Direito Internacional**, Brasília, v. 3, n. 1, pp.54-73, jan/jun. 2017, p. 60)

16 BIANCO, João Francisco. **Transparência fiscal internacional**. São Paulo, Dialética, 2007. p. 45

17 Em diversas ações penais oriundas da "Operação Lava-jato", os réus acabaram condenados tanto pela prática do delito de corrupção quanto pelo de lavagem de capitais. Por exemplo, nos autos ação penal n. 5054932-88.2016.4.04.7000/PR, o Juízo da 13ª Vara Federal de Curitiba/PR justificou tal entendimento sob o fundamento de que "a propina já chega ao destinatário, o agente público ou terceiro beneficiário, ocultada e, por vezes, já em local seguro e fora do alcance das autoridades públicas, tornando desnecessária qualquer nova conduta de ocultação ou dissimulação. Não seria justificável premiar o criminoso por sua maior sofisticação e ardil, ou seja, por sua habilidade em tornar desnecessária ulterior ocultação e dissimulação do produto do crime, já que estes valores já lhe são concomitantemente repassados com a aparência de licitude ou para receptáculo secreto". Para aqueles que sustentam a impossibilidade de punição também pelo crime de lavagem de dinheiro, o recebimento da propina, de forma dissimulada, constituiria o marco con-

pelo crime de lavagem de dinheiro[18], não há dúvidas de que tal conduta acaba por introduzir, no sistema econômico, quantias oriundas dos crimes de corrupção que deveriam ser restituídas ao país de origem, não apenas porque o ato mercadejado muitas vezes gera prejuízos aos entes públicos (*v.g.* hipótese de valores recebidos pelo funcionário público para favorecer empresa em processo licitatório com valores superfaturados), mas porque a perda do valor por parte do agente, além de ser um dos efeitos da sentença condenatória, acaba por desestimular a sua reiteração[19].

Assim, buscando o desenvolvimento de técnicas e políticas aptas a tornar mais célere e eficaz a busca pelo produto do crime de corrupção, diversas iniciativas internacionais passaram a se dedicar especificamente ao estudo do tema, sendo dignas de nota a StAR (*Stolen Asset Recovery Initiative*), parceria desenvolvida entre Banco Mundial e a *United Nations Office on Drug and Crime*, o FATF (*Financial Action Task Force*) ou GAFI[20],

sumativo da corrupção praticada pelo funcionário público, posicionamento este, inclusive, que restou sedimentado na Ação Penal n. 470/MG, do Supremo Tribunal Federal, popularmente conhecida como "Caso Mensalão".

18 Como bem ressalta Baltazar Jr. sobre tal delito: "a criação desse tipo penal (lavagem de dinheiro) parte da ideia de que o agente que busca proveito econômico na prática criminosa precisa disfarçar a origem dos valores, ou seja, desvincular o dinheiro de sua procedência delituosa e conferir-lhe uma aparência lícita, a fim de poder aproveitar os ganhos ilícitos, considerado que o móvel de tais crimes é justamente a acumulação material". (BALTAZAR, José Paulo. **Crimes federais.** 8ª ed., São Paulo: Saraiva, 2012)

19 *"From a law enforcement perspective, the recovery of the proceeds of corruption attacks the motivation of those involved in corruption and the means of financing corrupt activities: taking their money, it has been argued, "hits them where it hurts". For requesting states there is a strong law enforcement incentive since the recovery of the proceeds of corruption offers an opportunity to attack the structures put in place to support corrupt activities. The arrest of gatekeepers, business associates and relatives that launder the proceeds of corruption and the freezing of assets disrupts the flow of funds, deters potential collaborators, and undermines the patronage structures that sustain corrupt officials' political support. A combination of asset recovery and criminal prosecution can also have a deterrence effect. Hardened criminals assert that they would go to jail to protect the proceeds of their crimes, while evidence from plea bargaining suggests that white collar criminals pay heavily to avoid spending time in jail."* (StAR. ***Towards a Global Architecture for Asset Recovery***. Disponível em: <https://star.worldbank.org/resources/towards-global-architecture-asset-recovery≥. Acesso em 04/08/2021.

20 Acerca da interpretação da Recomendação 30, a FATF sugeriu que: "*Anti-corruption enforcement authorities with enforcement powers may be designated to investigate money laundering and terrorist financing offences arising from, or related to,*

a *Interpol's Anti-Corruption Office*, e, no Brasil, a Estratégia Nacional de Combate à Corrupção e à Lavagem de Dinheiro (ENCCLA).

Todas elas salientam a necessidade de intensa cooperação entre agências estatais, tanto administrativas quanto judiciárias, dos países envolvidos na referida prática delitiva para que se possa localizar os valores, bloqueá-los, e os devolver para o território de origem, razão pela qual mostra-se necessária a análise dos instrumentos disponíveis em nosso ordenamento jurídico para colaborar com esse importante desafio mundial.

2. A cooperação jurídica internacional em matéria penal como método de recuperação dos ativos frutos de corrupção transnacional

Como corolário da necessária colaboração entre os países, a cooperação jurídica internacional em matéria penal tem como principais objetivos viabilizar a troca de informações relevantes referentes a atividades ilícitas e a execução de atos judiciais ou administrativos oriundos de países estrangeiros, podendo ser classificada em "cooperação ativa", quando o Estado brasileiro é o requerente, ou seja, demanda o auxílio do país estrangeiro, ou "cooperação passiva", nas hipóteses em que o Brasil é o demandado, isto é, recebe o pedido de auxílio do exterior, sendo tal requerimento processado, em determinadas hipóteses[21], por órgãos da Justiça Federal de primeira instância, pelo Superior Tribunal de Justiça ou mesmo pelo Supremo Tribunal Federal[22].

Com base nas medidas solicitadas pelo país requerente, Cervini e Tavares subdividem, ainda, as hipóteses de cooperação jurídica internacional em três níveis: no primeiro, estão englobadas as simples notificações a Estados estrangeiros, bem como o requerimento de produção probatória; no segundo, as medidas destinadas a gerar gravames patrimoniais, como sequestro e bloqueio de bens; já no terceiro, encontram-se

corruption offences under Recommendation 30, and these authorities should also have sufficient powers to identify, trace, and initiate freezing and seizing of assets."

21 Como será especificado nos pontos seguintes do presente trabalho.

22 ARAÚJO, Nádia. "A importância da cooperação jurídica internacional para a atuação do Estado brasileiro no plano interno e internacional". in: Secretaria Nacional de Justiça. Departamento de Recuperação de Ativos e Cooperação Jurídica Internacional. **Manual de cooperação jurídica internacional e recuperação de ativos**. 3ª Ed. Brasília: Ministério da Justiça, 2013. p-33-50.

as medidas mais gravosas, que geram gravames ao direito de liberdade, como o traslado forçado de pessoas e os processos de extradição[23].

E são exatamente as medidas de segundo nível, seja sob o prisma da cooperação ativa ou passiva, que apresentam especial relevância no presente estudo, como instrumentos eficazes não apenas de garantir a devolução dos valores frutos de corrupção ao Estado vítima do crime, como também, como visto, para a própria prevenção do delito.

A regulamentação, em nosso ordenamento, do procedimento de cooperação jurídica internacional se dá com a conjugação harmônica entre as normas internas e aquelas previstas em tratados e acordos internacionais, uma vez que a próprio conceito de soberania estatal poderá restar ameaçado caso este adote uma posição apartada dos demais entes estatais estrangeiros[24].

No plano interno, a regra geral, que estabelece o dever do Estado brasileiro em contribuir com a comunidade internacional se encontra insculpida no artigo 4º, inciso IX, de nossa Carta Magna, ao prescrever que o Brasil, quanto às suas relações internacionais, deverá sempre buscar a "cooperação entre os povos para o progresso da humanidade". Somam-se a tal dispositivo, ainda, principalmente, as disposições previstas nos artigos 12, 13 e 17 da Lei de Introdução às normas do Direito Brasileiro (LIN); nos artigos 26 a 41 do Código de Processo Civil, nos artigos 780 a 790 do Código de Processo Penal e na Resolução nº 9 do Superior Tribunal de Justiça[25].

---

23 CERVINI, Raul; TAVARES, Juarez. **Princípios de cooperação judicial penal internacional no protocolo do MERCOSUL**. São Paulo: Revista dos Tribunais, 2000, pp. 67-68

24 Desta forma, não se vislumbra qualquer conflito entre a necessidade de se respeitar as normas de tratados internacionais dos quais o Brasil é signatário e o art. 17 da Lei de Introdução às Normas do Direito Brasileiro ao estabelecer que: "As leis, atos e sentenças de outro país, bem como quaisquer declarações de vontade, não terão eficácia no Brasil, quando ofenderem a soberania nacional, a ordem pública e os bons costumes.". A verdade é que o próprio conceito de soberania estatal vem sendo cada vez mais relativizado com a nova ordem mundial globalizada. (VARELLA, Marcelo D.. **Direito Internacional Público**. São Paulo: Saraiva Educação, 2018. p. 39)

25 Evidentemente tal lista não é exaustiva, podendo ser encontradas, em nossa legislação penal especial, diversos dispositivos que se referem aos mecanismos de cooperação jurídica internacional, como, por exemplo, os arts. 77 e 78, da lei 9.605/98 (Crimes Ambientais); o art. 8º da Lei 9.613/98 (Lavagem de Dinheiro); o art. 65 da Lei 11.343/06 (Drogas); o art. 9º da Lei 12.850/13 (Organização Criminosa); e os arts. 3º e 5º da Lei 13.344/16 (Tráfico de Pessoas).

Já no plano externo, encontram-se inúmeros diplomas internacionais que regrarão a cooperação jurídica em matéria penal, dentre os quais se destacam a já citada Convenção de Mérida, de 2003 – particularmente importante para o presente trabalho –, a Convenção Interamericana sobre Auxílio Mútuo em Matéria Penal, promulgada pelo Decreto n .6.340 de 3 de janeiro de 2008, o Protocolo de Assistência Jurídica em Assuntos Penais do Mercosul, promulgado pelo Decreto nº 3.468 de 17 de maio de 2000, bem como as dezenas de acordos bilaterais de cooperação mútua em matéria penal[26], chamados de MLAT (*Mutual Legal Assistance Treaty*), como o relevante Acordo de Assistência Judiciária em Matéria Penal celebrado com os Estados Unidos da América, promulgado pelo Decreto nº 3810 de 2001.

3. Os mecanismos de cooperação jurídica internacional em demandas envolvendo a corrupção transnacional

A Convenção das Nações Unidas contra a Corrupção, em seu artigo 46, prevê a possibilidade de requerimento de assistência judicial recíproca entre os países signatários, com vistas a efetivar o combate à corrupção transnacional bem como a recuperação dos ativos frutos de tais crimes. Como estabelece o item 3, do referido dispositivo, a assistência poderá ser requerida, para além da produção probatória, com o fim de "identificar, embargar com caráter preventivo e localizar o produto de delito" e "recuperar ativos", em conformidade com as disposições do Capítulo V do ato normativo[27].

Tratou-se do primeiro instrumento de Direito Internacional que ressaltou a importância da recuperação dos ativos do crime de corrupção como forma de fortalecimento de uma cultura anticorrupção

26 Para a lista completa e atualizada dos acordos internacionais bilaterais em matéria penal, celebrados pelo Brasil, verificar o sítio eletrônico do Ministério da Justiça e Segurança Pública, em <https://www.justica.gov.br/sua-protecao/cooperacao-internacional>.

27 Segundo o item 15 do artigo 46 da Convenção de Mérida, "[t]oda solicitação de assistência judicial recíproca conterá o seguinte: a) A identidade da autoridade que faz a solicitação; b) O objeto e a índole das investigações, dos processos e das ações judiciais a que se refere a solicitação e o nome e as funções da autoridade encarregada de efetuar tais investigações, processos ou ações; c) Um resumo dos feitos pertinentes, salvo quando se trate de solicitações de apresentação de documentos judiciais; d) Uma descrição da assistência solicitada e pormenores sobre qualquer procedimento particular que o Estado Parte requerente deseja que se aplique; e) Se possível, a identidade, situação e nacionalidade de cada pessoa interessada; e f) A finalidade pela qual se solicita a prova, informação ou atuação."

mundial, prevendo, inclusive, em seu artigo 51, tal fim como princípio fundamental[28]. A Convenção de Mérida previu, ainda, de forma inovadora, em seu artigo 57, a possibilidade de restituição de ativos mesmo antes do trânsito em julgado da decisão no Estado requerente, desde que haja concordância do Estado requerido.

Relevante ressaltar, também, que o texto convencional, no artigo 53, estabelece que os Estados signatários deverão adotar três medidas a propiciar a recuperação de tais bens, quais sejam: (i) facultar aos países membros o ajuizamento de ação civil com vistas a identificar a titularidade dos bens obtidos mediante o delito praticado; (ii) estimular decisões judiciais que determinem a indenização e o ressarcimento ao país lesado; (iii) facultar às autoridades competentes, relativamente a decisões de confisco de bens, o reconhecimento do legítimo direito de propriedade dos Estados lesados sobre os bens frutos dos crimes de corrupção.

Assim, para que se consiga atingir os objetivos previstos na Convenção de Mérida, essas são as principais formas, previstas no ordenamento jurídico brasileiro, para a execução de atos de cooperação jurídica internacional em material penal: (a) cartas rogatórias; (b) homologação de sentença estrangeira; (c) extradição e (d) auxílio direto.

A primeira modalidade, trata-se de pedido formal, apresentado por autoridade judiciária de um Estado a outro, visando a realização dos mais diversos atos destinados a contribuir com ação penal ou investigação que ainda se encontram em curso, podendo ter por objeto atos decisórios ou não[29], como aqueles meramente ordinatórios (ex: citação, notificação, etc.), instrutórios (destinados à coleta de prova), ou mesmo executórios (para a efetivação de medidas restritivas, como bloqueio de bens, prisões provisórias, etc.)[30], estes últimos particularmente relevantes para a recuperação dos frutos do crime de corrupção.

---

28 Nesse sentido: COORDENAÇÃO-GERAL DE RECUPERAÇÃO DE ATIVOS E COOPERAÇÃO JURÍDICA INTERNACIONAL EM MATÉRIA PENAL. in: Secretária Nacional de Justiça. Departamento de Recuperação de Ativos e Cooperação Jurídica Internacional. **Manual de cooperação jurídica internacional e recuperação de ativos**. 3ª Ed. Brasília: Ministério da Justiça, pp. 67-70, 2013. p. 69

29 Artigo 7º da Resolução n. 9 do Superior Tribunal de Justiça.

30 ARAÚJO, Nádia. "A importância da cooperação jurídica internacional para a atuação do Estado brasileiro no plano interno e internacional". in: Secretaria Nacional de Justiça. Departamento de Recuperação de Ativos e Cooperação Jurídica Internacional. Manual de cooperação jurídica internacional e recuperação de ativos. 3ª Ed. Brasília: Ministério da Justiça, pp. 33-50, 2013. p. 40

Desde a Emenda Constitucional nº 45/04, estabeleceu-se que, após o recebimento pelo Estado brasileiro da carta rogatória por via diplomática em procedimento de cooperação passiva, caberá ao Ministério da Justiça enviá-la ao Superior Tribunal de Justiça, que terá a competência para a concessão do *exequatur*, conforme estabelecido no artigo 105, inciso I, alínea i, da Constituição Federal.

Tal procedimento é regrado atualmente, principalmente, pela Resolução nº 09 daquela Corte Superior, que trouxe inúmeras alterações ao instituto, buscando lhe dar maior celeridade. Nesse sentido, a regra é a intimação prévia da parte interessada para se manifestar sobre o pedido do estado estrangeiro antes do juízo de delibação do Superior Tribunal de Justiça acerca de sua execução. Inclusive, a referida análise acerca da possibilidade ou não de determinação do *exequatur* será sempre realizada em um sistema limitado de contenciosidade, uma vez que a parte interessada não poderá impugnar o mérito da diligência requerida, sendo somente admitida a irresignação, segundo nossas Cortes Superiores, quando fundada em pontos específicos, como "a falta de autenticidade dos documentos, a inobservância de formalidades legais ou a ocorrência de desrespeito à ordem pública, aos bons costumes e à soberania nacional"[31].

Não cabe ao S.T.J., portanto, no exercício de sua competência para a concessão de *exequatur*, prolatar decisões jurisdicionais cautelares de bloqueio de bens, quebra de sigilo ou outras que demandem o sopesamento entre princípios e a análise das circunstâncias peculiares do caso concreto, tão relevantes para a recuperação de ativos frutos dos crimes de corrupção. Por exemplo, o pedido de acesso, por órgão administrativo estrangeiro, a dados bancários sigilosos sem que, naquele país, tal questão tenha sido objeto de decisão judicial, não será deferido pelo Superior Tribunal de Justiça em sede de procedimento de execução de carta rogatória, por falta dos requisitos mínimos de sua concessão[32].

---

31 Trecho da decisão monocrática proferida pelo Ministro do Supremo Tribunal Federal Celso de Mello nos autos do AgRg na CR 7870/EUA, em 24/02/1999 (DJ 04/03/1999). No mesmo sentido: STJ, AgRg na CR 733/IT, Rel. Ministro CESAR ASFOR ROCHA, CORTE ESPECIAL, julgado em 19/12/2005, DJ 10/04/2006

32 Foi o que ocorreu no AgRg na CR 998/IT, em que o Ministério Público Italiano pediu acesso a dados bancários de contas sediadas em território nacional sem que houvesse determinação por parte de magistratura imparcial. (STF - AgRg na CR 998/IT, Rel. Ministro EDSON VIDIGAL, Rel. p/ Acórdão Ministro HUMBERTO GOMES DE BARROS, CORTE ESPECIAL, julgado em 06/12/2006, DJ 30/04/2006)

Por outro lado, uma das principais novidades introduzidas pela Resolução nº 9/S.T.J, em seu art. 8º[33], consiste na possibilidade de concessão de *exequatur* sem a prévia oitiva da parte interessada em hipóteses em que a urgência da medida a exija.[34] Nesse sentido, eventual decisão de órgão jurisdicional estrangeiro, em que tenha sido praticado delitos de corrupção, determinando o bloqueio de valores ilícitos encontrados em contas nacionais, pode ser efetivado imediatamente, evitando-se, assim, a perda da quantia. Apenas *a posteriori* será intimada a parte interessa, que poderá apresentar impugnação da medida, junto ao Superior Tribunal de Justiça, por meio de agravo à decisão constritiva ou mesmo embargos ao seu cumprimento pelo Juízo federal de primeira instância[35].

Ainda em sede de carta rogatória, caso este seja o meio escolhido pelo órgão jurisdicional brasileiro para a requisição de diligências judiciais de bloqueio de valores a serem empreendidas pelo Estado estrangeiro em via de cooperação jurídica internacional ativa, o requerimento deverá, na forma do artigo 783 do Código de Processo Penal, ser enviado pela respectiva autoridade diretamente ao Ministério da Justiça, que, por via diplomática, enviará a solicitação ao governo estrangeiro.

Quanto à segunda forma de cooperação jurídica internacional em matéria penal, consistente na homologação de sentenças estrangeiras, seu procedimento em nosso ordenamento jurídico não difere, em muito, daquele atribuível à carta rogatória executória, sendo igualmente regulado pela Resolução nº 09 do Superior Tribunal de Justiça e pelos artigos 787 a 790 do Código de Processo Civil. Cabe, todavia, ressaltar que essa hipótese de auxílio em matéria penal pela via da cooperação passiva

33 "Art. 8º A parte interessada será citada para, no prazo de 15 (quinze) dias, contestar o pedido de homologação de sentença estrangeira ou intimada para impugnar a carta rogatória. Parágrafo único. A medida solicitada por carta rogatória poderá ser realizada sem ouvir a parte interessada quando sua intimação prévia puder resultar na ineficácia da cooperação internacional."

34 DIPP, Gilson. "A cooperação jurídica internacional e o Superior Tribunal de Justiça: Comentários à Resolução n. 9/05". Secretária Nacional de Justiça. Departamento de Recuperação de Ativos e Cooperação Jurídica Internacional. **Manual de cooperação jurídica internacional e recuperação de ativos**. 3ª Ed. Brasília: Ministério da Justiça. pp. 29-31, 2013. p. 31

35 Neste sentido, o Pleno do Supremo Tribunal Federal determinou, ao julgar a CR 7613/AT, que "o exequatur se defira independentemente de citação do requerido, sem prejuízo da posterior manifestação do requerido, por meio de agravo à decisão concessiva ou de embargos ao seu cumprimento". (STF - AgRg na CR 7613/AT, Rel. Ministro SEPÚLVEDA PERTENCE, TRIBUNAL PLENO, julgado em 03/04/1997, DJ 09/05/1997)

refere-se a ações penais já encerradas em jurisdição estrangeira, com vistas a possibilitar a execução da sentença condenatória transitada em julgado pelo Estado brasileiro.

Conforme estabelecido no art. 5º da supramencionada resolução, não serão homologadas as sentenças estrangeiras em matéria penal que atentem à ordem pública, bons costumes e soberania nacional, ou que não preencham os seguintes requisitos prévios de admissibilidade: (i) ter sido prolatada por autoridade competente; (ii) terem sido as partes citadas ou legalmente julgadas à revelia; (iii) ter transitado em julgado; (iv) estar autenticada pelo cônsul brasileiro e acompanhada de tradução oficial. Estes serão os pontos que poderão ser objeto de contestação pela parte interessada, a ser apresentada no prazo de 15 após a sua citação.

O procedimento de homologação, portanto, se reveste de nítida natureza jurisdicional[36], com o necessário respeito ao devido processo legal e suas garantias do contraditório e da ampla defesa, o que faz com que a sentença estrangeira apenas produza efeitos em território nacional após a sua respectiva homologação pelo Superior Tribunal de Justiça.

Existe, ainda, a possibilidade excepcional de concessão de tutela de urgência nos procedimentos de homologação de sentença estrangeira[37], sempre que presentes os requisitos do *fumus boni iuris* e do *periculum in mora*, o que se torna um instrumento relevante para evitar eventual desaparecimento dos valores frutos de corrupção que eventualmente estejam localizados no país, quando previsto como efeito necessário da sentença condenatória estrangeira.

A extradição, como terceira modalidade de cooperação jurídica internacional, configura mecanismo tradicional e visa, em suma, a entrega de determinada pessoa ao país requerente para que nele responda a ação penal (extradição instrutória) ou nele cumpra a efetiva pena em caso de sentença condenatória já transitada em julgado (extradição executória). Nota-se, portanto, que pode ser requerida a extradição de investigados, réus ou mesmo condenados, sendo a sua concessão, em nosso ordenamento jurídico, decidida pelo Supremo Tribunal Federal, na forma do artigo 102, inciso I, alínea "g", da Constituição Federal, podendo o alvo do pedido, caso queira, exercer sua defesa em face da medida[38].

---

36 FUX, Luiz, "Homologação de sentença estrangeira". In: TIBURCIO, Carmen; BARROSO, Luís Roberto. (Orgs.). **Direito Internacional Contemporâneo**. Rio de Janeiro: Renovar, 2006. pp. 643 e seguintes.

37 Nesse sentido, o parágrafo 3º do artigo 5º da Resolução 9 do Superior Tribunal de Justiça.

38 Artigo 91 da Lei n. 13.445/2017

O procedimento previsto para a extradição está previsto, primordialmente, na Seção I da Lei de Migração (Lei nº 13.445, de 24 de maio de 2017), sendo certo, ainda, que apenas será concedida tal medida quando respeitados os requisitos previstos nos artigos 82 e 83 do mencionado ato normativo, dentre os quais se destaca a necessidade de que o fato imputado seja considerado crime no Brasil e no país requerente (princípio da dupla punição), bem como não constitua crime político ou de opinião[39].

Embora não seja uma modalidade de cooperação jurídica internacional que guarde relação direta com a recuperação de ativos ilícitos, revela-se importante ressaltar que a Convenção de Mérida, em seu artigo 44, prevê a necessidade de cooperação entre os países signatários para a celeridade no processo de extradição, estabelecendo especificamente que, caso não haja a possibilidade de execução do pedido por se tratar de cidadão nacional – como ocorre no caso do Brasil por força do artigo 5º, inciso LI, da Constituição Federal –, deverá o país requerido submeter o caso às autoridades competentes para imediato processamento criminal do autor do delito[40].

Por fim, a última modalidade relevante de cooperação jurídica internacional é o auxílio direto entre os Estados, que, exatamente por guardar especial relevância, na atualidade, como método mais eficaz para a recuperação dos ativos frutos de delitos de corrupção transnacional, merece abordagem individualizada no próximo ponto.

4. O auxílio direto como o método de cooperação jurídica mais eficaz para a célere recuperação dos frutos do delito de corrupção transnacional

Em razão da agilidade necessária atualmente para a execução das medidas judiciais e administrativas para a prevenção e repressão dos

39 Vedação essa também prevista expressamente no artigo 5º, inciso LII, da Constituição Federal.

40 Artigo 44, item 11: "O Estado Parte em cujo território se encontre um presumido criminoso, se não o extradita quando de um delito aos qual se aplica o presente Artigo pelo fato de ser um de seus cidadãos, estará obrigado, quando solicitado pelo Estado Parte que pede a extradição, a submeter o caso sem demora injustificada a suas autoridades competentes para efeitos de indiciamento. As mencionadas autoridades adotarão sua decisão e levarão a cabo suas ações judiciais da mesma maneira em que o fariam feito com relação a qualquer outro delito de caráter grave de acordo com a legislação interna desse Estado Parte. Os Estados Partes interessados cooperarão entre si, em particular no tocante aos aspectos processuais e probatórios, com vistas a garantir a eficiência das mencionadas ações."

crimes transnacionais - uma vez que, por exemplo, de qualquer lugar do mundo, com um mero acesso via *internet*, todos os valores frutos do delito de corrupção podem se perder em inúmeras transações bancárias ilícitas -, deve-se privilegiar o meio mais célere e menos burocrático de cooperação jurídica internacional consistente no "auxílio direto".

O aumento de sua importância no Brasil deveu-se, principalmente, às inúmeras dificuldades de cumprimento de cartas rogatórias executórias e de concessão do *exequatur* a sentenças estrangeiras[41], o que fez com se buscasse uma via mais ágil por meio da qual as solicitações de diligências internacionais fossem processadas de forma desburocratizada, por intermédio das chamadas Autoridades Centrais, independendo, assim, pelo menos em um primeiro momento, da intervenção do Poder Judiciário[42].

A Autoridade Central é um órgão nacional, apontado pela legislação interna ou por tratados internacionais, especializado e responsável pela coordenação e execução de todas as modalidades de cooperação jurídica, sendo sua atuação fundamental para a execução do pedido de auxílio direto. Caberá a ela, principalmente, o recebimento e envio dos pedidos de auxílio, a orientação aos órgãos requerentes e a análise da adequação das solicitações, evitando, assim, falhas na comunicação entre os entes internacionais e a adoção de mecanismos inadequados que podem ocasionar o desaparecimento dos valores ilícitos frutos do delito de corrupção.

41 SILVA, Ricardo Perlingeiro Mendes da. "Cooperação Jurídica Internacional e auxílio direto", In: TIBURCIO, Carmen; BARROSO, Luís Roberto. (Orgs.). **Direito Internacional Contemporâneo**. Rio de Janeiro: Renovar, 2006. p. 797,

42 Nesse sentido, Chaves e Oliveira: "Sob a luz desta cátedra, o momento atual é de "respeito ao processo", no qual resta patente a derrubada das "barreiras processuais internacionais à investigação criminal e à recuperação de ativos" e o reconhecimento do auxílio direito como recurso instrumental adequado a tal momento é o principal diagnóstico aqui encontrado. Considerando estudo realizado pelo Conselho de Justiça Federal85, 70% das cartas rogatórias expedidas por autoridades brasileiras não são atendidas e é inegável reconhecer que tal mecanismo se mostra 'absolutamente ineficiente para a obtenção de medidas como o bloqueio de ativos financeiros, uma vez que, até ser cumprida, o dinheiro já foi transferido diversas vezes para outros países'". (CHAVES, Bruna Salgado; OLIVEIRA, Lorena Franco. "Questões controvertidas do auxílio direto na recuperação de ativos provenientes de atos de corrupção à luz da ordem pública: análise crítico-reflexiva a partir de dados de cooperação internacional no bojo da Operação Lava Jato". in **E-Civitas - Revista Científica do Curso de Direito do UNIBH, Belo Horizonte**, Volume XII, número 2, pp. 212-248, dezembro 2019. pp.2 42-243)

Nesse cenário, o órgão brasileiro em regra responsável por realizar tais funções é o Departamento de Recuperação de Ativos e Cooperação Jurídica (DRCI), instituído pelo Decreto nº 4.991, de 18 de fevereiro de 2004 e subordinado à Secretaria Nacional de Justiça do Ministério da Justiça e da Segurança Pública[43].

Por meio do auxílio direto, o requerimento oriundo do país estrangeiro, seja de autoridades administrativas ou até mesmo judiciais, será encaminhado por nossa Autoridade Central ao órgão de persecução penal competente, que realizará, se possível, a diligência solicitada (*v.g.* a oitiva de determinada testemunha; a expedição de ofício a órgãos públicos para obtenção de informação relevante à investigação estrangeira) como forma de "auxílio direto por via administrativa", ou, sendo necessário, pleiteará a medida jurisdicional cabível junto ao Juízo federal de primeira instância, que, em cognição plena, apreciará o pedido de acordo com as regras processuais brasileiras e todas as suas garantias (*v.g.* pedido de quebra de sigilo bancário ou bloqueio de bens oriundos de corrupção)[44], denominado de "auxílio direto por via judicial". Ressalte-se que, nesta última hipótese, não se está objetivando a simples execução de decisão estrangeira, mas sim a prolação de ato decisório pelo Judiciário nacional sobre litígio ocorrido em outro país.

Em razão de sua celeridade, deverá sempre se optar por tal modalidade quando não se tratar de hipótese de execução de decisão judicial estrangeira, razão pela qual o parágrafo único do artigo 7º da Resolução nº 09/S.T.J. determina que, ainda que o pedido de cooperação internacional seja denominado equivocadamente de carta rogatória, quando prescindir de juízo de delibação pela Corte Superior, deverá ser remetido à autoridade central para processamento na forma de auxílio direto.

Trata-se, portanto, de importante instrumento para auxiliar na localização dos ativos oriundos do crime corrupção com a identificação da sua titularidade, bem como no seu bloqueio, perdimento e restituição ao Estado lesado.

---

43 Conforme determinado pelo artigo 26, parágrafo 4º, do Código de Processo Civil, caberá ao Ministério da Justiça exercer as funções de Autoridade Central na ausência de designação específica. Cabe ressaltar, ainda, que o Departamento de Estrangeiros (DEEST), igualmente vinculado ao Ministério da Justiça e Segurança Pública, será responsável pela tramitação da cooperação jurídica internacional nas hipóteses de pedido de extradição ou de transferência de pessoas condenadas.

44 MINISTÉRIO DA JUSTIÇA. SECRETARIA NACIONAL DE JUSTIÇA. DEPARTAMENTO DE RECUPERAÇÃO DE ATIVOS E COOPERAÇÃO JURÍDICA INTERNACIONAL. **Cartilha - Cooperação Jurídica Internacional em Matéria Penal**. Brasília/DF, 2014. p. 21

Considerações finais

O fenômeno da globalização, que se viu acentuado desde o final do século passado, relativizou as fronteiras entre os Estados nacionais e ressignificou o conceito de soberania estatal. A intensa troca de informação entre pessoas e entidades situadas nos diversos cantos do planeta fez com que se desenvolvesse uma nova de espécie de criminalidade, com característica transnacional.

Nesse contexto, o combate à corrupção transnacional se tornou um dos maiores desafios da comunidade internacional, na medida em que a prática de tal delito, além de enfraquecer as instituições estatais, se encontra sempre aliada a métodos de ocultação de seus frutos que envolvem a transposição das fronteiras nacionais. A recuperação dos ativos oriundos do mencionado delito, então, passou a configurar uma das principais formas de desestimular a sua prática e propiciar, ao país de origem, o ressarcimento pelo dano causado pela conduta criminosa.

Assim, ciente de que apenas por meio da cooperação jurídica internacional se pode obter êxito na luta contra a mercancia da função pública, o Brasil aderiu à Convenção das Nações Unidas contra a Corrupção, instrumento normativo este que, interpretado de forma harmônica com os dispositivos legais nacionais que regem o tema, revela-se como um precioso instrumento de enfrentamento àquele tipo de criminalidade.

Após a análise das diversas formas processuais de execução dos atos de cooperação ativa e passiva previstas em nosso ordenamento, verificou-se, no presente trabalho, que o método mais célere e eficaz para o bloqueio e restituição, ao ente estatal internacional lesado, dos valores frutos do delito de corrupção é o auxílio direto, concentrado na figura da Autoridade Central, à qual, de forma desburocratizada, caberá o recebimento e o envio dos pedidos de colaboração, a orientação aos órgãos requerentes, bem como a análise da adequação das solicitações.

Embora a busca pelo produto ilícito dos crimes de corrupção transnacional ainda seja um desafio enorme à toda a comunidade internacional, o fortalecimento dos institutos de cooperação jurídica, como o auxílio direto entre os países, subsidiados pela celebração de acordos multilaterais e bilaterais, revela-se, indubitavelmente, como a principal – talvez a única – forma de tentar vencer a batalha contra tão nefasta modalidade de criminalidade.

Referências bibliográficas

ALVES, André Gomes de Sousa; SOUSA, Marana Sotero. "Lavagem de dinheiro e cooperação internacional: perspectivas político-econômicas em torno da responsabilidade das instituições financeiras". **Revista Brasileira de Direito Internacional**. Brasília, v. 3, nº 1, pp.54-73, jan/jun. 2017

ARAÚJO, Nádia. "A importância da cooperação jurídica internacional para a atuação do Estado brasileiro no plano interno e internacional". in: Secretaria Nacional de Justiça. Departamento de Recuperação de Ativos e Cooperação Jurídica Internacional. **Manual de cooperação jurídica internacional e recuperação de ativos**. 3ª Ed. Brasília: Ministério da Justiça, p-33-50, 2013.

BALTAZAR, José Paulo. **Crimes federais**. 8ª ed., São Paulo: Saraiva, 2012

BARUCH, Hurd. "*The Foreign Corrupt Practices Act*". **Harvard Business Review**, jan./fev.,1979

BECK, Ulrich. ***¿Qué es la globalización? Falacias del globalismo, respuestas a la globalización***. Paidós: Barcelona, 1998.

BIANCO, João Francisco. **Transparência fiscal internacional**. São Paulo, Dialética, 2007

BRAUDEL, Fernand. **Civilização material, economia e capitalismo: séculos XV - XVIII**. Tradução: Telma Costa. 3º Volume. São Paulo: Martins Fontes, 1996.

CHAVES, Bruna Salgado; OLIVEIRA, Lorena Franco. "Questões controvertidas do auxílio direto na recuperação de ativos provenientes de atos de corrupção à luz da ordem pública: análise crítico-reflexiva a partir de dados de cooperação internacional no bojo da Operação Lava Jato". in **E-Civitas - Revista Científica do Curso de Direito do UNIBH**, Belo Horizonte, Volume XII, número 2, pp.212-248, dezembro 2019

COORDENAÇÃO-GERAL DE RECUPERAÇÃO DE ATIVOS E COOPERAÇÃO JURÍDICA INTERNACIONAL EM MATÉRIA PENAL. in: Secretária Nacional de Justiça. Departamento de Recuperação de Ativos e Cooperação Jurídica Internacional. **Manual de cooperação jurídica internacional e recuperação de ativos**. 3ª Ed. Brasília: Ministério da Justiça, p-67-70, 2013

CRYER, R. et alt.. ***An Introduction to International Criminal Law and Procedure***. New York: Cambridge University Press, 2012

DIPP, Gilson. "A cooperação jurídica internacional e o Superior Tribunal de Justiça: Comentários à Resolução nº 9/05". Secretária Nacional de Justiça. Departamento de Recuperação de Ativos e Cooperação Jurídica Internacional. **Manual de cooperação jurídica inter-**

nacional e recuperação de ativos. 3ª Ed. Brasília: Ministério da Justiça. pp.29-31, 2013

FUX, Luiz, "Homologação de sentença estrangeira". In: TIBURCIO, Carmen; BARROSO, Luís Roberto. (Orgs.). **Direito Internacional Contemporâneo**. Rio de Janeiro: Renovar, 2006

MINISTÉRIO DA JUSTIÇA. SECRETARIA NACIONAL DE JUSTIÇA. DEPARTAMENTO DE RECUPERAÇÃO DE ATIVOS E COOPERAÇÃO JURÍDICA INTERNACIONAL. **Cartilha - Cooperação Jurídica Internacional em Matéria Penal**. Brasília/DF, 2014

REICHEL, Philip L.; ALBANESE, Jay. ***Handbook of Transnational Crime and Justice***. Thousand Oaks: Sage, 2014

SERRANO, J.M. "*La globalización*". in ***Cuadernos Cristianisme i justicia***, nº 103, Barcelona, 2000.

SILVA, Ricardo Perlingeiro Mendes da. "Cooperação Jurídica Internacional e auxílio direto", In: TIBURCIO, Carmen; BARROSO, Luís Roberto (Orgs.). **Direito Internacional Contemporâneo**. Rio de Janeiro: Renovar, 2006

StAR. ***Towards a Global Architecture for Asset Recovery***. Disponível em: <https://star.worldbank.org/resources/towards-global-architecture-asset-recovery>. Acesso em 04/08/2021.

STELZER, Joana. "O fenômeno da transnacionalização da dimensão jurídica". in CRUZ, Paulo Marcio & STELZER, Joana (org). **Direito e Transnacionalidade**. Curitiba: Juruá, 2011, p. 16

VARELLA, Marcelo D.. **Direito Internacional Público**. São Paulo: Saraiva Educação, 2018